1144 DATOS INTERESANTES Y DIVERTIDOS QUE NECESITAS SABER

LEARN SPANISH WITH 1144 FACTS!

SCOTT MATTHEWS

Copyright © 2016 Scott Matthews

Todos los derechos reservados. Queda prohibida la reproducción, distribución o transmisión de cualquier parte de esta publicación bajo ninguna forma o por ningún medio, incluyendo fotocopias, grabaciones u otros métodos electrónicos o mecánicos, sin el consentimiento previo y por escrito del editor, excepto en el caso de citas breves incorporadas en revisiones críticas y otros usos no comerciales permitidos por la ley de derechos de autor.

Ciertos nombres de marcas registradas aparecen a lo largo de este libro. En lugar de usar un símbolo de marca registrada cada vez que se menciona una marca, se usa su nombre de manera editorial, sin intención de infringir al propietario respectivo de la marca. La información en este libro se distribuye "tal como está", sin garantía alguna. Aún cuando se han tomado todas las precauciones en la preparación de este documento, ni el autor ni el editor serán responsables ante ninguna persona o entidad en relación a cualquier pérdida o daño ocasionado, o presuntamente ocasionado, en forma directa o indirecta, por la información contenida en este libro.

ÍNDICE

Capítulo 1	1
Capítulo 2	10
Capítulo 3	19
Capítulo 4	27
Capítulo 5	35
Capítulo 6	44
Capítulo 7	54
Capítulo 8	61
Capítulo 9	68
Capítulo 10	77
Capítulo 11	86
Capítulo 12	94

1

Parte Uno

1. En 2013, una ciudad egipcia llamada Heracleion fue descubierta bajo el agua después de haber permanecido perdida durante 1200 años en el Mar Mediterráneo.
2. Existe un artista conocido como Brian Lai cuya habilidad es dibujar en negativo.
3. En la mitología japonesa hay una criatura llamada Ashiarai Yashik, un pie gigante y sucio que aparece frente a ti pidiendo que lo laves; si no lo haces, destruye tu casa.
4. Hay un perro llamado Faith que nació sin patas delanteras pero aprendió a caminar con sus patas traseras. El perro y su dueño viajan a hospitales militares para demostrar que incluso un perro con una discapacidad grave puede vivir una vida plena.
5. Hay un chimpancé de 34 años de edad llamado Kanzi que no solo sabe cómo encender el fuego y cocinar, sino que también sabe preparar omelettes para él.
6. En 2013 en Belo Horizonte, Brasil, trabajadores de la construcción fijaron permanentemente con cemento un camión en la acera después de que su dueño se rehusara a moverlo.
7. La oficina de correo canadiense asignó un código postal de H,

O, H, O, H, al Polo Norte donde cualquiera puede enviar una carta a Santa Claus. Cada año más de un millón de cartas se envían a Santa Claus, cada una de las cuales se contesta en el mismo idioma en el que está escrita.

8. Hay un spa llamado "Patrimonio de Bali, Reflexología y Spa" en Yakarta, Indonesia, que utiliza pitones que se ponen sobre el cuerpo del cliente como una forma de tratamiento de masajes.

9. En 2010, un hombre se extravió en el bosque del norte de Saskatchewan y cortó líneas eléctricas con el fin de llamar la atención y con la esperanza de que alguien acudiera a su rescate. Funcionó.

10. El café tuvo tanta influencia en los inicios de la cultura turca que la palabra "desayuno" se traduce literalmente como "antes del café" y la palabra "marrón" se traduce como "el color del café".

11. El tiempo más largo que ha sobrevivido una persona tras un naufragio es de 133 días; esto le ocurrió a un chino llamado Poon Lim en 1942. Sobrevivió gracias a la pesca y bebiendo sangre de aves; incluso llegó a matar un tiburón con una jarra de agua. Vivió hasta los 72 años, falleció en 1972.

12. Para convertirse en chofer de un Black Cab en Londres, es necesario conocer 25.000 calles y 50.000 puntos de interés y así poder pasar el examen conocido como "El Conocimiento". Los solicitantes generalmente toman el examen unas doce veces, necesitando además unos 34 meses de preparación para aprobarlo.

13. En Túnez puedes reservar una noche de alojamiento en la casa de infancia de Luke Skywalker por tan solo 10 USD, la cual es actualmente un hotel llamado Hotel Sidi Driss.

14. Hay un lago en el país de Palau llamado Lago Medusa, donde las medusas han evolucionado al punto de no tener aguijones. Estas medusas doradas son completamente inofensivas para los humanos, tanto así que se puede nadar con ellas.

15. En 1770, el Parlamento Británico emitió una ley que condena el uso del lápiz de labial; esta ley establecía que cualquier mujer que fuese declarada culpable de seducir a un hombre al matrimonio a través de medios cosméticos, sería juzgada por brujería.

16. Un "butt" o trasero, era una unidad de medida medieval para el vino. Técnicamente equivalía a 125 galones (475 litros).

17. El agua del grifo en Canadá está regulada bajo un estándar más alto que el del agua embotellada.
18. En 1947 Sugar Ray Robinson, uno de los mejores boxeadores de todos los tiempos, se retiró de una pelea porque había soñado que durante esta iba a matar a su oponente. Luego de convencerlo de pelear, entró al ring y mató a su oponente.
19. En 2011 la familia Coble perdió a sus tres hijos en un fatídico accidente automovilístico, dos niñas y un niño. Al año siguiente la madre dio a luz a trillizos, dos niñas y un niño.
20. La mayor cantidad de goles de la historia anotados durante un partido de futbol y reconocidos por el Libro Guinness de los Récords fue de 149 a cero entre dos equipos en Madagascar en 2002. Esto ocurrió porque uno de los equipos comenzó a auto golearse en protesta por una mala decisión de cobro de falta tomada por uno de los árbitros.
21. El Sahara pasa ahora por un periodo de sequía y se espera que vuelva a ser verde dentro de 15.000 años.
22. En 1567 Hans Steininger, quien alguna vez tuvo la barba más larga del mundo con 4,5 pies de largo (1,4 metros), murió al romperse el cuello después de habérsela pisado accidentalmente.
23. La biografía oficial del fallecido líder norcoreano Kim Jong Il enumera entre sus logros una ronda de golf de 38 tiros, la capacidad de controlar el clima, la necesidad de no tener que defecar y ser el creador de la hamburguesa.
24. David B. Leak fue un soldado estadounidense de la Guerra de Corea a quien se le otorgó la Medalla de Honor por haber matado a cinco soldados, cuatro de ellos con sus propias manos, mientras brindaba ayuda médica a uno de sus compañeros herido de bala.
25. Thomas Edison le enseñó a su segunda esposa, Mina Miller, el código Morse para poderse comunicar en secreto; se golpeaban mutuamente las manos cuando sus familiares estaban cerca.
26. Leonardo DiCaprio fue llamado Leonardo porque estando su madre embarazada, esta se encontraba en Italia mirando un cuadro de Leonardo da Vinci cuando el bebé pateó por primera vez.
27. El cerebro humano utiliza el 20% de la energía corporal a pesar de que este representa solo el 2% del peso total del cuerpo.
28. En 2013, un hombre de 59 años llamado Alan Markovitz estaba molesto con su ex esposa por haberlo engañado, así que compró

una casa junto a la de ella e instaló una estatua gigante de una mano mostrándole el dedo medio y apuntando en dirección a su casa; la estatua le costó 7.000 USD.

29. Kim Peek, el hombre que inspiró la película Rain Man, nació con un daño cerebral considerable. Este hombre ha leído más de 12.000 libros y recuerda cada uno de ellos. Incluso puede leer dos páginas al mismo tiempo, una con cada ojo, recordando todo lo leído en ellas.

30. En 1997, una oveja merina de 17 años llamada Shrek se escapó y escondió en una cueva en Nueva Zelanda durante siete años. Cuando finalmente la encontraron en 2004, había logrado acumular 60 libras (27 kilos) de lana en su cuerpo, el equivalente para hacer 20 trajes.

31. Mike, el Pollo sin Cabeza, fue un pollo famoso durante la época de 1945 que fue decapitado por un granjero para su cena, pero continuó viviendo durante otros 18 meses.

32. Cuesta 1,5 centavos hacer un centavo y la Fábrica de Moneda de Estados Unidos emitió USD 46.000.000 en estas monedas en 2018.

33. El rascacielos "Intempo" en España tiene cuarenta y siete pisos pero no tiene ascensores.

34. El cerebro del Neanderthal era un 10% más grande que el nuestro, los homo sapiens, pero no eran tan intelectuales como nosotros. Esto se debe a que sus cerebros estaban destinados más a la visión, mientras que los nuestros están destinados al razonamiento, la toma de decisiones y la interacción social.

35. El cuerpo humano contiene billones de microorganismos, por ejemplo, las bacterias superan en número a las células humanas a razón de 10 a 1.

36. En China la gente extremadamente rica puede evitar las penas en prisión contratando a un doble.

37. Existen lobos tamaño miniatura en el Medio Oriente que solo alcanzan aproximadamente 30 libras (6 kg) de peso, en comparación a los lobos más grandes del mundo que habitan en Canadá, Rusia y Alaska cuyo peso puede alcanzar 175 libras (80 kg).

38. Un fotón de luz tarda 40.000 años en viajar desde el núcleo del sol hasta su superficie. Para que el mismo fotón viaje del Sol a la Tierra solo necesita ocho minutos.

39. Los primeros diamantes fueron descubiertos en la India en el

siglo IV antes de Cristo. El segundo país en el que se descubrieron fue Brasil en 1725.
40. Para el año 2020 habrá aproximadamente 40 mil millones de dispositivos conectados a internet.
41. El país más pequeño del mundo es el Vaticano, el cual tiene una superficie de 0,22 millas cuadradas (0,44 kilómetros cuadrados).
42. Para el 2019 el país con la tasa de homicidios más alta es El Salvador con 82,84 homicidios por año por cada 100.000 habitantes. Con aproximadamente 6 millones de habitantes, esto equivale a 5.000 personas por año. La elevada tasa de homicidios en este país está marcada por la ocurrencia de delitos relacionados con pandillas y delincuencia juvenil.
43. El Ejército de Terracota es una colección de más de 8.000 soldados de arcilla, carrozas y caballos de tamaño real, que tomó alrededor de 37 años en fabricarse. Fueron enterrados con el primer Emperador de China, Qin Shi Huang, en el año 210 A.C. con el propósito de protegerlo en el más allá.
44. Una persona que maneje 10 millas para comprar un boleto de lotería tiene tres veces más probabilidades de morir en un accidente automovilístico que de ganar la lotería.
45. En solo el 3% de todas las especies de aves, el macho tiene un pene.
46. En 2017, el 19% de las mujeres comprometidas en matrimonio admitieron haber conocido a su pareja en Internet. Esta industria genera en la actualidad USD 3 mil millones al año.
47. No está permitido tirar de la cadena del inodoro después de las 10 de la noche en Suiza. Otras cosas un tanto extrañas que no se pueden hacer en este país incluyen cosas como usar una manguera de alta presión en el automóvil, hacer senderismo desnudo, tender afuera la ropa, cortar el césped o reciclar los domingos. Otras de las cosas raras que se deben hacer en este país es pagar impuestos por tener un perro y tenerle un amigo a la mascota como un conejillo de indias, un pez dorado o periquitos, para que le hagan compañía.
48. No hay relojes en los casinos de Las Vegas, de este modo los clientes pierden la noción del tiempo permaneciendo allí por periodos más largos.
49. Los saltamontes tienen orejas a los lados del abdomen.
50. Hay 350 pirámides que fueron construidas por los gobernantes

de los antiguos reinos kushitas, territorio ahora conocido como Sudán.

51. La prisión de Sark es la prisión más pequeña del mundo y solo tiene capacidad para dos personas. Está ubicada en la isla de Sark en Guernsey, una isla entre Inglaterra y Francia
52. La velocidad promedio de un avión comercial es de 485 nudos, es decir, 560 mph (900 km/h).
53. El animal que más años ha vivido según los registros es una almeja de Islandia (Árctica islándica) que vivió 507 años. El segundo lugar es para un tiburón de Groenlandia con 392 años, seguido por una ballena de Groenlandia o ballena boreal con 211 años.
54. Los tigres más grandes del mundo viven en Siberia.
55. En Cuba ha nevado solo una vez, el 12 de marzo de 1857.
56. El bambú puede crecer hasta 35 pulgadas (91 cm) en un solo día.
57. Existen aproximadamente 6.500 idiomas en el mundo que se hablan en la actualidad; sin embargo, 2.000 de ellos solo tienen 1.000 hablantes o menos.
58. Saddam Hussein, fallecido presidente de Iraq, escribió varias novelas y poemas que se publicaron anónimamente.
59. El primer edificio en tener más de 100 pisos fue el Empire State Building.
60. La ciudad más visitada del mundo es Bangkok, con 20 millones de personas en 2018, le siguen Londres y París.
61. Los humanos solo representan el 48% de los usuarios en Internet. El otro 52% del tráfico web lo representan los bots.
62. Hitler fue nombrado "Hombre del Año" por la Revista Time en 1938.
63. China alberga la mitad de la población porcina de toda la Tierra.
64. Existen 1,2 millones de especies documentadas hasta el día de hoy; sin embargo, los científicos estiman que el número gira alrededor de los 8,7 millones. Debido a la extinción, es posible que nunca sepamos el número exacto.
65. El peso de una persona sería una tanto mayor en los polos que en el ecuador, la diferencia tan solo sería del 0,5% aproximadamente. Del mismo modo, el peso de una persona sería una tanto mayor al nivel del mar que en la cima de una

montaña. Esto se debe al achatamiento y a la atracción gravitacional.
66. En el Ártico el sol puede parecer cuadrado en algunas ocasiones cuando está en el horizonte.
67. En promedio las morenas tienen menos cabello en comparación con las pelirrojas y las rubias.
68. Según la tradición de la realeza, el Príncipe Charles y el Príncipe William no pueden abordar el mismo avión juntos ya que, en caso de que se produzca un accidente, la monarquía perdería a dos herederos a la vez. Técnicamente la misma regla aplica para el príncipe William y su hijo de cinco años, el príncipe George.
69. El órgano más grande del cuerpo humano es la piel.
70. Es falso que puedas morder un dedo y atravesarlo con los dientes, como cuando se muerde una zanahoria. Se necesitan 200 néwtones para morder una zanahoria cruda y 1485 néwtones para causar tan solo una fractura en un dedo.
71. Se necesitaron más de 22 siglos para completar la Gran Muralla China. Esta fue construida, reconstruida y ampliada por muchas dinastías y reinos imperiales. El muro se extiende por más de 12.000 millas (20.000 km).
72. El imperio más grande en extensión que ha existido fue el Imperio Británico, el cual llegó a cubrir casi una cuarta parte del planeta en 1920.
73. La mayoría de los camellos en Arabia Saudita son importados de Australia.
74. China produce la mayor contaminación del mundo contribuyendo con el 30% del total producido por todos los países. Dicha contaminación proviene del carbón, petróleo y gases naturales.
75. Actualmente existen 1,6 billones de páginas web en vivo en internet. Sin embargo, al 99% de estos sitios no se puede acceder a través de Google; esto se conoce como la Internet Profunda.
76. Al igual que cualquier idioma, el lenguaje de señas tiene diferentes variaciones según el país, edad, etnia y si la persona es sorda o no.
77. Existen más de 1.200 especies diferentes de murciélagos en el mundo y, al contrario de lo que popularmente se piensa, ninguno de ellos es ciego. Los murciélagos pueden cazar en la oscuridad gracias a la ecolocalización; esto significa que utilizan

los ecos de los sonidos producidos por ellos mismos y que rebotan en los objetos para ayudarse a orientar.
78. Cuando un cuerpo adulto es enterrado a seis pies de profundidad y sin ataúd, este tarda normalmente de ocho a doce años en promedio para descomponerse y llegar a ser solo un esqueleto.
79. Los cerdos son físicamente incapaces de mirar hacia el cielo.
80. La bomba más grande del mundo que ha sido detonada fue la Bomba del Zar, el 30 de octubre de 1961 por la Unión Soviética. La explosión fue 3.000 veces más potente que la bomba detonada en Hiroshima. El impacto fue lo suficientemente fuerte como para romper ventanas a 560 millas (900 km) de distancia.
81. Las guerras entre romanos y persas duraron alrededor de 721 años, el conflicto más largo en la historia humana.
82. Hubo al menos cuarenta y dos complots para asesinar a Hitler.
83. El teléfono tardó aproximadamente 75 años en llegar a 50 millones de usuarios, la radio 38 años, la televisión 13 años, el Internet 4 años, el Facebook 2 años y el Pokemon Go tan solo 19 días.
84. La isla más grande del mundo es Groenlandia puesto que Australia es un continente.
85. Para el 2018 cuatro mil millones de personas tenían acceso a Internet; no obstante, 844 millones de personas aún no tenían acceso a agua potable.
86. Una cucharadita de agua tiene ocho veces más átomos que una cucharadita de agua del Océano Atlántico.
87. Los antiguos egipcios usaban reposacabezas de piedra en vez de almohadas.
88. Francia fue el primer país en introducir las placas de registro, esto ocurrió el 14 de agosto de 1893.
89. Los Países Bajos fue el primer país en legalizar el matrimonio entre personas del mismo sexo en 2001.
90. El lapso promedio de atención del humano se ha reducido casi a la mitad, disminuyendo de 20 segundos en el año 2000 a 12 segundos en 2018.
91. Según los registros, el árbol más antiguo en el mundo tiene 9.550 años y está ubicado en Dalarna, Suecia.
92. De acuerdo a los registros, el sistema vivo más antiguo es el de las cianobacterias, un tipo de bacteria que se originó hace 2.800 millones de años.

93. Tener hambre ocasiona que los niveles de serotonina bajen, provocando un torbellino de emociones incontrolables que incluyen ansiedad, estrés y enojo.
94. El lunes 23 de marzo de 2178, el planeta Plutón completará su órbita entera desde su descubrimiento original en 1930.
95. Existen en la actualidad más de 150 personas criopreservadas con la esperanza de que algún día se invente la tecnología para revivirlas; asimismo, existen más de 1000 personas registradas para hacer lo mismo tras su muerte.
96. Bajo una presión extremadamente potente, la mantequilla de maní se puede convertir en diamantes.
97. Tras el estreno de la película "La Princesa y el Sapo", más de 50 personas fueron hospitalizadas por envenenamiento causado por salmonela producto de besar sapos.
98. Albert Einstein nunca usó calcetines.
99. Una lata de Coca Cola regular se hunde hasta el fondo del agua mientras que una lata de Coca Cola de dieta flota.

2

Parte Dos

1. En 2010, la Universidad Técnica de Múnich construyó toboganes de cuatro pisos de altura para ayudar a sus estudiantes a llegar a clase más rápido en lugar de tener que usar las escaleras.
2. Solo 2% de la población del mundo tiene ojos verdes.
3. Cuando Jackie Chan tenía dieciocho años, se involucró en una pelea callejera con motociclistas; poco después notó que un pedazo de hueso le salía de los nudillos y pasó un día entero tratando de empujarlo de nuevo a su lugar hasta darse cuenta de que no era su hueso el que empujaba, sino el diente de otro de los chicos.
4. En 1971, un hombre llamado Jean-Claude Romand mintió acerca de haber pasado importantes exámenes que lo acreditaban como médico; continuó creando elaboradas mentiras hasta que todos los que lo conocían pensaron que era un médico de verdad. Se salió con la suya durante dieciocho años hasta que eventualmente mató a toda su familia para evitar que lo delataran.
5. Había un orangután llamado Fu Manchu que podía escaparse

repetidamente de su jaula en el zoológico Henry Doorly en Nebraska. Se descubrió que estaba usando una llave que él mismo diseñó con un trozo de alambre. La razón por la que se salió tantas veces con la suya fue porque cada vez que el cuidador del zoológico lo inspeccionaba, este ocultaba la llave en su boca.

6. En 1984, cuando se introdujeron los Air Jordans, estos fueron prohibidos por la NBA. Michael Jordan los usó de todos modos ya que Nike estaba dispuesto a pagar la multa de USD 5.000 cada vez que Michael entraba a la cancha.
7. Nike contactó a Zach Galifianakis para que apareciera en su publicidad después del éxito de la película The Hangover. Durante la reunión telefónica, Zach rompió el hielo al preguntar "¿Entonces, todavía tienes niños de siete años haciendo tus cosas?"
8. En Francia una panadería por ley tiene que hacer todo el pan que vende desde cero para tener el derecho de ser llamada panadería.
9. En 2005, hubo un empate de 110 personas para el segundo premio de la Lotería Powerball. Las autoridades sospecharon inicialmente que había habido trampa, pero descubrieron luego que todos los ganadores habían usado los mismos números de la suerte extraídos de los papelitos de las galletas de la fortuna.
10. En Dinamarca 'Fartkontrol' significa control de velocidad.
11. La Ciudad del Vaticano alberga el único cajero automático del mundo que da instrucciones en latín.
12. En Australia hay árboles que producen diferentes tipos de frutas y son conocidos como árboles de ensalada de frutas.
13. El periodo presidencial más corto de la historia del mundo fue el del presidente de México, Pedro Paredes, quien gobernó durante menos de una hora el 19 de febrero de 1913.
14. Una botella de veinte onzas de la bebida gaseosa Mountain Dew contiene el equivalente a 22 paquetes de azúcar.
15. En Moscú los perros callejeros han aprendido a desplazarse desde los suburbios a la ciudad en busca de comida, tomando luego el tren para regresar a casa por la noche.
16. El cerebro humano posee cierta inclinación por la negatividad, haciéndolo buscar continuamente malas noticias. Es un rasgo evolutivo que proviene de los primeros humanos como mecanismo de supervivencia.

17. El reptil más pequeño conocido en el mundo es el Brookesia Micra, que es tan pequeño que puede colocarse en la cabeza de un fósforo.
18. En 2011, un italiano de 99 años llamado Antonio C. se divorció de su vieja esposa, Rosa C. de 96 años de edad, después de encontrar cartas de amor secretas que revelaban una aventura amorosa en la década de 1940.
19. Técnicamente vivimos alrededor de 80 milisegundos en el pasado porque ese es el tiempo que tarda nuestro cerebro en procesar información.
20. En 2008, un joven de diecinueve años de Somerset - Inglaterra, llamado George Garrett, cambió oficialmente su nombre a "Capitán Fantástico Más Rápido que Superman Batman Wolverine, Hulk y Flash Juntos".
21. En 1993, Dave Thomas, fundador de Wendy's, regresó a la escuela secundaria para tomar el examen GED décadas después de abandonar la escuela, ya que le preocupaba que los niños pudieran ver su éxito como una excusa para abandonar la escuela.
22. Hubo un multimillonario llamado Paul Getty que se negó a pagar un rescate de USD 17.000.000 tras el secuestro de su nieto. Cuando le hicieron llegar la oreja cortada del adolescente, accedió a pagar 3.000.000, pero en realidad solo pagó 2,2 porque ese era el monto máximo que podía amortizar como impuesto.
23. La pogonofobia es el miedo a las barbas.
24. La producción de un episodio de Juego de Tronos cuesta en promedio USD 2 - 3 millones. Eso es dos o tres veces más de lo que cuesta un episodio corriente de un programa de cable.
25. Se conoce que los babuinos salvajes secuestran cachorros y los crían como mascotas.
26. En 2005, un hombre llamado Ronald McDonald robó un Wendy's en Manchester, Inglaterra.
27. En 1977, se recibió una señal de radio desde el espacio que duró 72 segundos, la cual se apodó como "la señal wow". Hasta el día de hoy se desconoce de dónde vino.
28. Las últimas palabras del socialista Karl Marx antes de morir en 1883 fueron: "Vete, las últimas palabras son para los tontos que no han dicho lo suficiente".

29. Oona Chaplin, la actriz que interpreta a Talisa en la película Juego de Tronos, es en realidad la nieta de Charles Chaplin.
30. Un lobo responderá con un aullido si un humano emite un aullido.
31. En la luna ocurren terremotos, sin embargo, son menos frecuentes e intensos que los de la Tierra.
32. Se estima que solo el 8% del dinero total del mundo es real. El resto existe electrónicamente en discos duros de computadoras y cuentas bancarias.
33. La hierba de elefante puede crecer hasta 10 pies de altura (3 metros), lo suficientemente alta como para que se pueda esconder un elefante.
34. Una sola fábrica en Irlanda produce más del 90% del botox del mundo.
35. La mayoría de los accidentes aéreos ocurren tres minutos después del despegue u ocho minutos antes del aterrizaje.
36. Carl Gugasian está cumpliendo una pena de 17 años de cárcel después de asaltar 50 bancos en un período de 30 años, robando USD 2 millones.
37. En los últimos treinta años, veinticuatro mujeres han acusado a Donald Trump de haber tenido un comportamiento sexual inapropiado.
38. Se conoce como caravana a un grupo de camellos.
39. En 2013, científicos escoceses crearon una pizza que contiene el 30% de los nutrientes diarios recomendados.
40. Existen todavía alrededor de 30 millones de personas que viven en cuevas en China.
41. Hay un paseo aéreo (skywalk) en la Montaña Tianmen en China el cual mide 200 pies de largo (61 metros) y posee un vidrio de 8,2 pies de grosor (2,5 metros). El puente es tan alto que permite a los visitantes mirar hacia abajo sobre los picos de las montañas más pequeñas.
42. El encendedor fue inventado antes que el fósforo.
43. En 2009 una niña británica de 10 años llamada Zoe Pemberton intentó vender a su abuela en eBay porque le parecía una persona molesta y quiso deshacerse de ella.
44. Una de cada cinco personas en Singapur es millonaria.
45. Las cucarachas empezaron a habitar en el planeta 120 millones de años antes que los dinosaurios.

46. El animal más popular para tener como mascota es el pez de agua dulce. Le siguen el gato y luego el perro.
47. Cien acres de pizza se cortan diariamente solo en los Estados Unidos.
48. En 2006, el artista Kim Graham y un grupo de 25 voluntarios pasaron 15 días usando productos de papel reciclado no tóxico para crear una muñeca de papel maché de 12 pies (3,7 metros) de altura.
49. Los rayos no son tan raros como se cree. Aproximadamente 100 impactos de rayos caen en la Tierra por segundo. Cada descarga puede tener hasta mil millones de voltios de electricidad.
50. Mark Zuckerberg firmó "La Promesa de Dar", una campaña creada por Warren Buffet y Bill Gates que alienta a personas adineradas a contribuir con la mayor parte de su riqueza para causas filantrópicas.
51. En Japón se considera de buena suerte si un luchador de sumo hace llorar a tu bebé.
52. Las zanahorias solían ser de color morado.
53. Más del 99% de todas las especies vivas que habitaron alguna vez en la Tierra han desaparecido; el total de especies conocidas equivale a cinco mil millones.
54. Jeff Bezos, propietario de Amazon.com, también es el propietario del Washington Post.
55. Google alquila cabras que reemplazan las máquinas cortadoras de césped en su sede de Mountain View.
56. Cuando te embriagas al punto de tener lagunas mentales, en realidad no olvidas nada porque tu cerebro no registra ninguna información en ese estado.
57. Nintendo ha acumulado tanto dinero que podría tener un déficit de USD 250 millones cada año y aun así sobrevivir hasta 2052.
58. Taiwán se ha convertido en el primer país del mundo en ofrecer Wi-Fi gratuito a todos sus turistas a través de un sistema con más de 4.000 puntos de acceso en toda la isla.
59. Hay una fruta llamada zapote negro o fruta de pudín de chocolate la cual, estando lo suficientemente madura, sabe a pudín de chocolate, es baja en grasa y tiene aproximadamente cuatro veces más vitamina C que una naranja.
60. En Corea del Norte los ciudadanos están obligados a elegir entre uno de los veintiocho cortes de pelo aprobados por el gobierno.
61. Se estima que existan aproximadamente tres millones de

embarcaciones naufragadas en el fondo del océano con tesoros cuyo valor alcanzan los miles de millones.

62. Un alumno de segundo grado de siete años fue suspendido por esculpir con mordiscos una Pop-Tart en forma de montaña, lo que las autoridades de la escuela confundieron con la forma de un arma.

63. En 2013, una compañía llamada Límite Zero creó una tirolesa internacional de 2.300 pies de largo (720 metros) entre España y Portugal.

64. Todo el aire contenido en las bolsas de papas fritas del que la gente tanto se queja no es aire en absoluto. En realidad es nitrógeno y sirve para mantener las papas crujientes, además de brindar amortiguación durante su transportación.

65. En 2005, se grabó un documental llamado "Reversal of Fortune" en el cual los cineastas le dieron USD 100.000 en efectivo a un hombre sin hogar llamado Ted Rodrigue y lo siguieron para ver qué haría con el dinero. En menos de seis meses estaba completamente quebrado y regresó al mismo lugar donde estaba antes de que todo comenzara.

66. El teorema del mono infinito establece que un mono que golpea teclas al azar en una máquina de escribir durante una cantidad infinita de tiempo eventualmente escribirá cualquier texto, incluso las obras completas de William Shakespeare.

67. Si no te identificas como una persona extrovertida o introvertida, puedes ser un ambivert, es decir, una persona que se siente moderadamente cómoda con grupos e interacciones sociales, pero que también disfruta el tiempo a solas lejos de la multitud.

68. En 2007, una gemela nació 34 minutos después que su hermano, pero debido a un ajuste de horario de verano, nació 26 minutos antes que su hermano.

69. En un estudio realizado para mejorar el diseño de un hospital para niños, investigadores de la Universidad de Sheffield encuestaron a 250 niños sobre sus opiniones acerca de los payasos. Todos contestaron que no les gustaban o les producía miedo.

70. La edificación más cara jamás construida es la Estación Espacial Internacional con un costo de USD 160 mil millones, cifra que va en aumento a medida que se agregan nuevas secciones.

71. En un estudio realizado por el Baystate Medical Center en Springfield, aproximadamente el 68% de las personas

experimentan el síndrome de vibraciones fantasmas, una alucinación sensorial en la que erróneamente piensas que tu teléfono está vibrando en tu bolsillo.

72. En 2013, un hombre llamado Harrison Okene sobrevivió tres días en un barco hundido en el fondo del océano al encontrar una cámara de aire.

73. En Corea del Norte transcurre actualmente el año 109, ya que su calendario se basa en el nacimiento de Kim Il-Sung, fundador del país.

74. En 1912, Teddy Roosevelt recibió un disparo en el pecho justo antes de dar un discurso. Al darse cuenta de que sus pulmones estaban bien, ya que no tosía sangre, procedió a dar el discurso completo que duró noventa minutos.

75. En Armenia, a todos los niños de seis años en adelante se les enseña ajedrez en la escuela como curso obligatorio dentro de su plan de estudios.

76. Las escuelas que hacen a un lado las reglas en el patio de la escuela están viendo en realidad una disminución del bullying, lesiones graves y vandalismo, mientras que los niveles de concentración en clase aumentan. Esto se debe a que tener menos reglas requiere de pensamiento crítico, mientras que simplemente obedecer instrucciones requiere muy poco pensamiento crítico.

77. La arena del Sahara es arrastrada por el viento hasta el Amazonas, recargando sus minerales. El desierto literalmente fertiliza la selva tropical.

78. Cuando era niño, a Muhammad Ali se le negó un autógrafo de su ídolo de boxeo Sugar Ray Robinson. Cuando Ali se convirtió en un boxeador prestigioso, juró no llegar nunca a negar una solicitud de autógrafo y así lo hizo durante toda su carrera.

79. El presidente JFK compró más de mil cigarros cubanos solo unas horas antes de que ordenara el embargo comercial a ese país en 1962.

80. En 1976, un veterano de guerra de Grecia llamado Stamatis Moraitis fue diagnosticado con cáncer; los médicos le dijeron que le quedaban solo seis meses de vida. Stamatis regresó al centro de salud diez años después para decirles a los médicos que todavía estaba vivo; qué sorpresa al descubrir que todos los médicos que lo habían diagnosticado con la enfermedad ya habían muerto. Vivió hasta los 102 años.

81. Una prisión estatal de Indiana permite a los asesinos adoptar gatos en sus celdas para ayudarles a enseñar amor y compasión por otros seres vivos.
82. La pistola Gatling fue inventada por el doctor Richard Gatling. Este doctor advirtió que la causa más común de muerte de la mayoría de los soldados durante la Guerra Civil era las enfermedades y no las heridas de bala. Al inventar una máquina que podía reemplazar a cientos de soldados, la necesidad por grandes ejércitos se reduciría, disminuyendo así la exposición en el campo de batalla y las enfermedades.
83. Si la ciudad de Nueva York fuese su propio país y la policía de Nueva York fuese su ejército, este sería el vigésimo ejército mejor financiado del mundo, posicionándose detrás de Grecia y delante de Corea del Norte.
84. El WWOOF es el acrónimo en inglés para el programa de oportunidades de voluntariado internacional en granjas ecológicas; es un programa internacional que le permite a las personas viajar por el mundo con comida y alojamiento gratis a cambio de trabajo de voluntariado.
85. Las perillas de las puertas de latón se desinfectan automáticamente en ocho horas, lo que se conoce como efecto oligodinámico.
86. En 2014, un hombre en China compró un boleto de primera clase en China Eastern Airlines; el hombre comió comida gratis durante casi todo un año en el aeropuerto en la sala VIP. Increíblemente, el hombre canceló y volvió a reservar su boleto unas 300 veces en el transcurso del año hasta que lo canceló definitivamente para obtener el reembolso del ticket una vez que la aerolínea se dio cuenta de la estafa.
87. Hasta su demolición en 2012, el 1% de toda la población de Groenlandia vivía en un edificio de apartamentos llamado Blok P.
88. El alemán solía ser el segundo idioma más hablado en los Estados Unidos antes de ser reprimido durante la Primera Guerra Mundial.
89. En la década de 1960, Estados Unidos hizo un experimento en el que dos personas sin previo entrenamiento nuclear tuvieron que diseñar un arma nuclear utilizando solo documentos de acceso público. Lo lograron.

90. Cuando Donald Trump tenía 27 años, ya era propietario de 14.000 apartamentos.
91. El Abismo de Challenger en la Fosa de las Marianas es el punto más profundo que se conoce de todos los océanos de la Tierra con 10.994 metros.
92. La caología es el estudio del caos o la teoría del caos.
93. Hitler recolectó artefactos judíos para un museo de lo que él esperaba que fuese una raza extinta después de la Segunda Guerra Mundial.
94. Los cachorros machos dejan que las hembras ganen cuando juegan juntos a pesar de que son físicamente más fuertes; esto permite animarlas a jugar más.
95. El Antonov An-225 es el avión más grande que ha sido fabricado; fue diseñado originalmente para la tarea de transportar aviones espaciales. Pesa 285 toneladas, posee una envergadura de 288 pies (88 metros) y cuesta USD 250 millones.
96. Una patada rápida de una jirafa puede matar a un león.
97. El Papa más joven en ser elegido fue el Papa Benedicto IX; nació en 1012 y tenía 12 años al momento de ser proclamado Papa.
98. La xilografía es el arte del grabado sobre madera.
99. La construcción del Empire State duró 410 días.
100. Hay un superman en algún lugar en cada escena de Seinfeld.

3

Parte Tres

1. El avión Boeing 747 promedio tiene 160 millas (260 km) de cableado en su interior.
2. En las pirámides de Giza, existen varios pasajes ocultos que no han sido explorados todavía.
3. J.K. Rowling es la primera escritora en alcanzar un estatus multimillonario. También posee el estatus de perder su estatus multimillonario debido a que regala la mayor parte de su dinero.
4. Durante el siglo XVII hubo una manía por los tulipanes en Holanda, donde estos eran más valiosos que el oro. Esta fue la primera burbuja económica reportada. Cuando la gente recuperó el sentido, la burbuja estalló y provocó el colapso del mercado.
5. En el antiguo Egipto los egipcios se afeitaban las cejas para mostrar aflicción por la muerte de sus gatos.
6. El Lago Chagan es el único lago creado artificialmente a través de una prueba nuclear. A pesar de que la prueba nuclear se realizó en 1965, todavía no es seguro nadar en él debido a la radiación.

7. Antes de la llegada del renacimiento, tres cuartas partes de todos los libros del mundo estaban en chino.
8. El ojo humano puede ver una vela parpadeando a 30 millas (48 kilómetros) de distancia en una noche oscura.
9. Debido a una mutación genética, los primeros humanos con ojos azules comenzaron a aparecer hace 16 mil años atrás.
10. Por menos del costo de un Ferrari se puede comprar un Boeing 737 renovado.
11. Existen aproximadamente 250.000 patentes activas relacionadas con el teléfono inteligente.
12. El azúcar se inventó por primera vez en India, lugar donde se desarrollaron técnicas de extracción y purificación alrededor del año 510 AC. Antes de eso el edulcorante más popular era la miel.
13. El típico estadounidense gasta USD 1.200 en comida rápida cada año.
14. Un camello puede beber 53 galones (200 litros) de agua en tres minutos.
15. La cantidad de agua existente en la Tierra es constante; no obstante, dentro de mil millones de años, el Sol será 10% más brillante, lo que provocará un aumento del calor haciendo que la Tierra pierda toda su agua.
16. No puedes inventar caras en tus sueños, lo que significa que todas las caras que has visto en tus sueños las has visto antes en la vida real.
17. Los cangrejos pueden regenerar sus patas y pinzas hasta un 95%.
18. La criatura viviente más grande del mundo es la Gran Barrera de Coral, la cual mide 1.200 millas (2.000 km) de largo.
19. El Antiguo Testamento fue escrito en el transcurso de 1000 años, mientras que el Nuevo Testamento fue escrito en el transcurso de 75.
20. Los astronautas en el espacio pesan una sexta parte de su peso total en la Tierra.
21. Si dos ratas se dejan solas en un área cerrada con suficiente espacio, estas pueden multiplicarse a un millón en 18 meses.
22. Es imposible degustar comida sin saliva. Esto se debe a que los químicos de los alimentos deben disolverse primero en la saliva. Una vez disueltos, son detectados por los receptores ubicados en las papilas gustativas.

23. Los mayores bebedores de alcohol del mundo se encuentran en Bielorrusia con 17,5 litros consumidos per cápita cada año.
24. Los osos polares evolucionaron de los osos pardos en algún lugar cercano a Gran Bretaña e Irlanda hace 150.000 años.
25. El animal terrestre más rápido del mundo es el guepardo con una velocidad registrada de alrededor de 75 mph (120 km/h). El halcón peregrino es el ave más rápida con una velocidad en picada de 242 mph (389 km/h).
26. Las medusas no tienen orejas, ni ojos, ni nariz, ni cerebro, ni corazón.
27. El terremoto más largo registrado ocurrió en Chile en 1960. Tuvo una magnitud entre 9,4 y 9,6 y duró 10 minutos.
28. Para el 31 de diciembre de 2018 había 2,32 billones de usuarios activos mensuales en Facebook
29. La hormiga conductora africana puede producir de 3 a 4 millones de huevos cada 25 días.
30. La tasa promedio de coeficiente intelectual ha disminuido en las últimas décadas. Esto se debe a que las personas más inteligentes tienen menos hijos.
31. El deporte más popular del mundo es el fútbol. El segundo lugar es para el cricket seguido por el hockey sobre césped.
32. Cada esperma contiene alrededor de 3 mil millones de bases de información genética, lo que representa 750 megabytes de información digital.
33. Una de cada 4 grúas en el mundo se encuentra en Dubái. La construcción de las islas artificiales en el país, conocidas como Islas Palm, usó arena suficiente como para llenar 2,5 edificios Empire State.
34. Los humanos pueden tener entre 12 y 60 mil pensamientos por día; un 80% de estos pensamientos pueden ser negativos.
35. El cerebro humano posee 100 mil millones de células.
36. Los diez países que más consumen queso en el mundo se encuentran todos en Europa, ocupando Francia el primer lugar. El francés promedio consume 57 libras (25 kg) de queso por año.
37. La temperatura más alta registrada en la Tierra fue en El Azizia el 13 de septiembre de 1922, con 136 grados Fahrenheit (58 grados Celsius).
38. Hay más organismos vivos en una cucharadita de tierra que humanos en el mundo.

39. La naranja no está en la lista de los diez alimentos más comunes en lo que respecta a los niveles de vitamina C.
40. Hay de 100 a 400 mil millones de estrellas en la Vía Láctea y más de 100 mil millones de galaxias en el Universo.
41. Los astrónomos han encontrado lo que parece ser una de las estrellas más antiguas conocidas en el universo, la cual se encuentra a unos 6.000 años luz de distancia de la Tierra. La estrella se formó poco después del Big Bang, hace 13.800 millones de años.
42. Un pingüino puede contener la respiración durante 20 minutos.
43. Según los científicos, el peso promedio de una nube equivale al peso de 100 elefantes.
44. El 95% de las decisiones que tomas ya las ha tomado tu subconsciente.
45. Para cuando se alcanza los 2 años de edad, el cerebro ya tiene un 80% del tamaño de un adulto.
46. La razón por la cual las aves vuelan en forma de "V" es para ahorrar energía en su tarea de resistir al viento. Los pájaros se turnan para estar adelante y se van hacia atrás cuando están cansados.
47. La persona promedio tiene 10.000 papilas gustativas, las cuales se reemplazan cada 2 semanas más o menos.
48. Si todas las baterías almacenadas en el mundo se usaran para consumo, se agotarían en 10 minutos.
49. El Burj Khalifa es el edificio más alto del mundo con una altura de 2.700 pies (830 metros). La construcción se inició en 2004 y tardó 4 años en completarse.
50. Casi una décima parte de toda la población china se apellida "Wang", palabra que se traduce como rey.
51. Los humanos reciben 11 millones de bits de información cada segundo, sin embargo, solo nos damos cuenta de alrededor de 40 de estas cosas.
52. Rusia posee 1,8 veces el territorio de los EE. UU.
53. La contaminación en Beijing es tan grave que se concibió un término llamado "Tos de Beijing".
54. En 1967, el Primer Ministro de Australia desapareció. Cuatro décadas después de su desaparición, se confirmó que se había ahogado accidentalmente.
55. La madre de Jackie Chan era traficante de drogas y su padre era

espía. Ambos se conocieron cuando él la arrestó por contrabando de opio.

56. Originalmente George Lucas quería que el papel de Mace Windu fuese para Tupac, sin embargo, murió antes de poder realizar la audición. El papel lo dramatizó Samuel L. Jackson.
57. Muchos casos de homicidio en Japón son declarados como suicidios para cuidar la reputación de los agentes de la policía y mantener bajas las estadísticas de delincuencia.
58. Un escorpión puede contener la respiración bajo el agua hasta seis días.
59. En Etiopía transcurre actualmente el año 2006 porque su año calendario tiene trece meses.
60. La ciudad de Nueva York pagó USD 5 millones en 1853 por el área que ocupa el Central Park, espacio que vale ahora USD 530 mil millones.
61. Los instrumentos musicales más antiguos datan de hace 43.000 años, fueron flautas hechas de huesos de aves y mamuts.
62. Una llama es redonda y azul cuando está en gravedad cero.
63. Diversos estudios han demostrado que a las personas con mentes creativas les resulta más difícil conciliar el sueño por la noche y prefieren quedarse despiertos hasta tarde.
64. Los pacientes de un manicomio mental en la década de 1950 experimentaban el mismo estrés que el estudiante promedio de secundaria experimenta hoy en día.
65. Se conoce como conspiración a grupo de lémures.
66. La sentencia de prisión más larga fue de 320.000 años; se le otorgó a un hombre llamado Gabriel Grandos por fracasar en la entrega de más de 70.000 cartas.
67. Actualmente se construye una ciudad en los Emiratos Árabes que dependerá por completo de fuentes de energía renovables con una ecología de cero residuos.
68. Un estudio llevado a cabo por la Oficina de Investigación Económica concluyó que los niños primogénitos tienen un coeficiente intelectual más alto que sus hermanos menores.
69. La rana venenosa más pequeña del mundo mide tan solo 10 milímetros de largo y segrega un veneno tóxico de su piel como mecanismo de defensa.
70. Hay un orificio de gas natural en Iraq conocido como el Fuego Eterno que ha estado ardiendo durante más de 4.000 años.

71. Tirarse pedos ayuda a reducir la presión arterial y beneficia la salud en general.
72. El edulcorante artificial Splenda fue descubierto cuando un investigador interpretó mal la instrucción de "probar el químico", de hacer una prueba, por "probar el químico", de degustarlo.
73. Antes de que Sylvester Stallone vendiera el guión para Rocky, estaba en la ruina y tuvo que vender su perro por USD 50. Una semana después vendió el guión y compró de nuevo a su perro por USD 3.000.
74. Los soldados chinos clavan agujas en los cuellos de sus camisas para mantener una postura erguida durante los desfiles militares.
75. Existen 36 delfines armados y entrenados por la Marina de los EE. UU. para matar terroristas, los cuales permanecen desaparecidos en el Golfo de México desde el huracán Katrina en 2005. Llevan pistolas de dardos tóxicos capaces de matar a una persona con un solo disparo.
76. Un artista holandés descubrió una forma de crear nubes en el medio de una habitación al equilibrar cuidadosamente los niveles de humedad, iluminación y temperatura. Normalmente utiliza esta técnica en su obra de arte.
77. El cementerio más grande del mundo es el Wadi Al-Salaam ubicado en Iraq. Tiene 2 millas cuadradas (6 km²) y es tan grande que no se sabe con exactitud cuántos cuerpos yacen allí. Se estima que cada año se entierran de medio millón a un millón de cuerpos más.
78. Antes de que Scar tuviera la cicatriz en su cara en El Rey León, su nombre era Taka, que significa basura en swahili.
79. A Benjamin Franklin no se le confió la escritura de la declaración de independencia de los Estados Unidos porque se temía que plasmara una broma de forma oculta.
80. La aplicación Candy Crush generó USD 956.000 cada día durante su mejor momento.
81. Bill Gates, Steve Jobs, Albert Einstein, Walt Disney y Mark Zuckerberg abandonaron la escuela.
82. La piscina techada más profunda se encuentra en Bruselas - Bélgica, se llama Nemo 33 y tiene 108 pies (32 metros) de profundidad.
83. El famoso buscador de torrents, The Pirate Bay, intentó una vez

comprar su propia isla para crear un país propio sin leyes de derechos de autor.
84. Los perros de las praderas saludan con besos.
85. Todos los humanos tienen la capacidad de ver la luz ultravioleta, sin embargo, esta se filtra pasivamente a través del cristalino del ojo. Las personas que se someten a una cirugía para extraer el cristalino pueden ver la luz ultravioleta.
86. La bandera filipina se iza con su franja roja hacia arriba en tiempos de guerra y su lado azul hacia arriba en tiempos de paz.
87. Las placas en los territorios del noroeste canadiense tienen forma de osos polares.
88. Los cuervos tienen la capacidad de reconocer rostros humanos y de incluso guardar rencor contra aquellos que no son de su agrado.
89. Los jaguares salvajes se drogan con frecuencia al comer raíces alucinógenas, lo que agudiza sus sentidos para la caza.
90. La razón por la que Harry Potter y el Cáliz de Fuego es más largo que los tres primeros libros es porque la autora, J.K. Rowling, creó un agujero en la trama a mitad de camino y tuvo que regresar y arreglarlo.
91. Las cerezas contienen 2 compuestos que inhiben el crecimiento de tumores, provocando incluso que las células cancerosas se autodestruyan sin dañar las células sanas.
92. En el planeta Venus nieva metal.
93. La ONU considera que el acceso a Internet es un derecho humano.
94. Los cocodrilos no tienen glándulas sudoríparas. Para refrescarse, mantienen la mandíbula abierta.
95. A los perezosos les toma dos semanas digerir sus alimentos.
96. En el día de San Valentín de 2014, un grupo de hombres solteros en Shanghái compró todos los asientos con números impares del teatro donde reproducirían la película Beijing Love Story. Hicieron esto para evitar que las parejas se sentaran juntas, en señal de apoyo a las personas solteras.
97. En 2014, el Departamento de Transporte de Colorado se vio obligado a cambiar su marcador de millas de 420 a 419,99 solo para que la gente dejara de robar el letrero.
98. Las ratas topo desnudas son uno de los únicos animales que no contraen cáncer.
99. Se conoce que el LSD cura el trastorno de estrés postraumático,

tal fue el caso de Yehiel De-Nur, un sobreviviente del Holocausto quien pudo dormir por primera vez en 30 años sin tener pesadillas después de consumirlo.

100. En 1983, un agricultor de papas de 61 años llamado Cliff Young, sin previa formación atlética, ganó el Ultra Maratón de 544 millas (875 km) de Sídney a Melbourne, gracias a que corría mientras los otros corredores dormían.

4

Parte Cuatro

1. Las patas de los pingüinos son más largas de lo que en realidad parecen. Solo se ven cortas debido a la cantidad de plumas que las cubren.
2. La Reina Isabel no tiene pasaporte. Dado que el pasaporte británico se emite a su nombre, no necesita tener uno, mas los otros miembros de la familia real sí.
3. Adam Rainer, un hombre de origen australiano, es la única persona en la historia médica que ha sido clasificado como enano y gigante durante su vida. Midió 3,8 pies (1,17 metros) en su cumpleaños número 21 y fue catalogado como enano, pero cuando murió a la edad de 51 años, midió 7,6 pies (2,34 metros) de altura debido a un crecimiento acelerado.
4. Durante la Segunda Guerra Mundial, dos oficiales japoneses llamados Tokiashi Mukai y Tsuyoshi Noda compitieron para ver quién podía matar a 100 personas primero usando solo una espada. Desagradablemente, el suceso fue seguido y narrado como un evento deportivo por los periódicos japoneses, con continuas actualizaciones sobre el puntaje.
5. En 2006, el FBI puso a un espía en una mezquita del sur de

California disfrazándolo de musulmán radical con el fin de detectar posibles amenazas. El plan fracasó cuando los musulmanes en la mezquita terminaron denunciándolo al FBI por ser un extremista potencialmente peligroso.

6. En el primer día de clases, los niños de Alemania, Austria y la República Checa reciben un cono de cartón lleno de juguetes y dulces conocido como Schultute.
7. Las centrales eléctricas de carbón emiten 100 veces más radiación al aire que las plantas nucleares que producen la misma cantidad de energía.
8. Se conoce como parlamento a un grupo de búhos.
9. En 1987, un pastor alemán llamado Gabby salvó a un empleado del zoológico de Belgrado al pelear y derrotar a un jaguar que se había escapado. Se erigió un monumento en su honor.
10. En 1951, una mujer llamada Henrietta Lacks murió de cáncer de cuello uterino. Sus células tumorales fueron removidas y más tarde se descubrió que eran las primeras células humanas que podían prosperar en un laboratorio. Sus células han sido objeto de más de 74.000 estudios, muchos de los cuales han generado sólidos conocimientos sobre biología celular, cáncer, vacunas y clonación.
11. A Sigmund Freud, neurólogo austriaco y padre del psicoanálisis, le gustaba tanto la cocaína que solía obsequiarla a amigos y familiares como regalo.
12. Hay un insecto conocido como insecto palo de Howe que es casi del tamaño de una mano humana. Solo se pueden encontrar en un lugar, entre los enormes restos montañosos de un antiguo volcán llamado Isla de Ball, cerca de la costa de Australia.
13. En México, artistas como pintores, escultores y artistas gráficos, pueden pagar sus impuestos mediante la donación de obras de arte de su autoría al gobierno.
14. A pesar de tener miles de millones de dólares y de ser uno de los empresarios más ricos del mundo, al fundador de Ikea, Ingvar Kamprad, le gusta economizar. Vive en una casa pequeña, come en Ikea, toma el autobús y solo vuela en clase económica.
15. Las pequeñas pegatinas que colocan en la fruta están hechas de papel comestible y la pega utilizada para adherirlas es de calidad alimentaria; así que si comes una, estarás completamente bien.
16. Cuando las hormigas mueren, segregan un químico que le indica a las otras hormigas que muevan el cuerpo a una especie

de cementerio. Si este químico se rocía sobre una hormiga viva, las otras la tratarán como una hormiga muerta, independientemente de lo que haga.
17. Australia es el hogar de las arañas de seda de oro; estos arácnidos son tan grandes que pueden comer piezas de comida entera incluyendo serpientes de medio metro de largo.
18. Se conoce como torre a un grupo de jirafas.
19. En Utah había una cabra llamada Freckles a la que se le implantaron genes de araña y ahora se le conoce como la Cabra Araña. Esta produce proteínas de seda de araña en su leche, la cual se utiliza para fabricar bio-acero, un material más fuerte que el Kevlar.
20. Richard Klinkhamer, un escritor de ficción criminal holandés, escribió un sospechoso libro sobre siete formas de matar al cónyuge, justo un año después de la desaparición de su esposa. Richard se convirtió en una celebridad y pasó la siguiente década insinuando que la había asesinado; en el año 2000 se descubrió que realmente lo había hecho, después de encontrar su esqueleto en su antigua residencia.
21. En Siberia hay un baño ubicado a 8.500 pies (2.591 metros) sobre el nivel del mar, en la cima de las montañas de Altái. Es usado por los trabajadores de una estación meteorológica aislada y es conocido como el baño más solitario del mundo.
22. Cuando Shakira estaba en segundo grado, la rechazaron del coro de la escuela porque su profesora de música no creía que pudiera cantar, ya que pensaba que su voz sonaba como una cabra.
23. Los gatos son uno de los pocos animales que se domestican a sí mismos y se acercan a los humanos bajo sus propios términos.
24. La periodista Sara Bongiorni y su familia intentaron vivir durante un año entero sin utilizar productos hechos en China, lo que fue una misión casi imposible. Documentaron su experiencia en un libro titulado "Un año sin 'hecho en China'".
25. En Japón hay cafeterías de búhos donde puedes jugar con estos animales vivos mientras disfrutas de una bebida o comida.
26. En 1954, un hombre llamado John Thomas Doyle se suicidó saltando del puente Golden Gate. Su nota de suicidio no decía nada más que: "Tengo dolor de muelas".
27. Entre los años 1600 y 1800, las langostas fueron conocidas como

las cucarachas del mar. Se utilizaban como alimento para prisioneros y sirvientes, y también como carnada para pescar.
28. Hay una especie muy pequeña de antílopes conocida como Dick-Dick; se llaman así por el sonido que emiten cuando se alarman.
29. Actualmente científicos de la Universidad de Connecticut y del Instituto de Tecnología de California investigan a las termitas como posibles fuentes de energía renovable. Estas pueden producir hasta medio galón (dos litros) de hidrógeno al ingerir una sola hoja de papel, lo que las convierte en uno de los biorreactores más eficientes del planeta.
30. El primer boleto para el primer Comic Con en Nueva York fue comprado por George RR Martin en 1964. George fue el primero de solo treinta personas que asistieron allí ese día.
31. Hoy en día hay más personas que sufren de obesidad que personas padeciendo hambre.
32. En 2007, un hombre llamado Mike Warren-Madden diseñó un dispositivo llamado Cochecito Acuático que permitía llevar a sus peces a pasear.
33. En Quebec, Suecia y Noruega es ilegal hacer publicidad dirigida directamente a niños, con el fin de evitar que las empresas los animen a rogar a sus padres para que les compren cosas.
34. Los fumadores son cuatro veces más propensos a tener canas en sus vidas que los no fumadores.
35. Los malvaviscos existen debido al dolor de garganta. Durante siglos el jugo de la planta de malvavisco se utilizó para aliviar el dolor. Para el año 1800 se mezclaba con claras de huevo y azúcar para tratar a niños con dolor de garganta; la receta era tan sabrosa que la gente la convirtió en una delicia llamada malvavisco.
36. Los zorrillos poseen músculos junto a las glándulas odoríferas los cuales les permiten rociar sus fluidos con precisión hasta 10 pies (3 metros) de distancia.
37. Los gorilas duermen hasta 10-12 horas al día.
38. La longitud de los vasos sanguíneos en el cuerpo humano equivale a 60.000 millas (96.000 km) si los midieras de principio a fin.
39. Existen 50 tipos diferentes de canguros.
40. Dependiendo de la especie de tiburón, estos pueden parir a sus crías o poner huevos.

41. Un hombre en Wisconsin le tomó una foto a tres ciervos albinos en el bosque. Las probabilidades de que esto suceda es de una entre setenta y nueve mil millones.
42. Una cucaracha puede vivir varias semanas sin su cabeza. Solo muere de hambre.
43. Los humanos pueden vivir sin oxígeno durante tres minutos, sin agua durante tres días y sin comida durante tres semanas.
44. Un elefante bebe 34 galones (130 litros) de agua por día.
45. Si usas auriculares durante una hora, aumentará la cantidad de bacterias que hay en el oído 700 veces.
46. Los camellos tienen tres párpados los cuales los protegen de los fuertes vientos en el desierto.
47. Un burro puede ver sus cuatro patas en todo momento gracias a la ubicación de sus ojos.
48. Las babosas tienen tentáculos, espiráculos y miles de dientes.
49. El 25% de todos los encuentros sexuales de las mantis religiosas terminan con la muerte del macho, ya que la hembra comienza a arrancarle la cabeza.
50. Los flamencos no nacen rosados; eventualmente se tornan de este color gracias a una dieta a base de camarón de Artemia y algas verdeazuladas.
51. El animal más solitario del mundo es una ballena macho en el Pacífico Norte que no puede encontrar pareja debido a la forma en que se comunica. La frecuencia de esta ballena está en otro nivel y otras ballenas no pueden escucharla.
52. El organismo más grande en el mundo conocido a la fecha es un hongo que vive en las montañas de Oregón; se extiende a lo largo de 2,4 millas (3,8 km).
53. Al igual que las huellas digitales, nuestras lenguas tienen huellas únicas.
54. Un humano tiene 270 huesos al momento de nacer, los cuales se transforman en 206 al convertirse en adulto. Una cuarta parte de todos estos están en las manos y muñecas.
55. Durante el periodo de vida de un humano, se puede generar saliva suficiente para llenar dos piscinas.
56. Se conoce como pandemonio a un grupo de loros.
57. La plata esterlina no está hecha completamente de plata, se le agrega un poco de cobre ya que la plata pura es demasiado blanda y se dobla.

58. Masticar chicle al picar cebolla evita que se te salgan las lágrimas, ya que te obliga a respirar por la boca.
59. La miel es el único alimento que no se daña.
60. Coca-Cola vendió solo 25 botellas en su primer año. Hoy en día vende 1.800 millones de botellas al día.
61. No existen alimentos verdaderamente azules. Los alimentos que parecen azules, como los arándanos, son a menudo de un tono púrpura.
62. Se requiere toda una vida de trabajo de 12 abejas para crear una cucharadita de miel.
63. Hace 50.000 años existían patos del tamaño de caballos llamados dromornítidos que deambulaban por lo que se conoce hoy como Australia.
64. Existen píldoras de brillo de oro que puedes comprar en Internet por USD 400 que prometen convertir tu caca en oro.
65. Se conoce como nomofobia al miedo a estar lejos del teléfono móvil.
66. El primer inodoro moderno fue creado por Thomas Crapper, de ahí la expresión en inglés "to take a crap".
67. En la Universidad de Victoria en Columbia Británica, Canadá, puedes tomar un curso en la ciencia de Batman. El curso utiliza la figura del cruzado con capa para explicar la condición humana y las limitaciones de la mente y el cuerpo humano.
68. La isla filipina de Luzón tiene un lago con una isla adentro, la cual tiene un lago que contiene otra isla en su interior.
69. Hudson Bar en Canadá tiene menos gravedad que el resto de la Tierra. No se sabe con certeza el por qué, pero las hipótesis científicas apuntan a que tiene algo que ver con la convección que ocurre en el manto terrestre.
70. Solo del 1 al 2% de la población mundial total son pelirrojos.
71. Existe un deporte en la vida real llamado paracaidismo de Banzai; este consiste en arrojar el paracaídas del avión y saltar tras él.
72. Hay un columpio al borde de un acantilado en Ecuador que no tiene medidas de seguridad y que cuelga de una casa de árbol con vista a un volcán activo; este se llama el Columpio Fin del Mundo.
73. Los girasoles se pueden usar para limpiar desechos radiactivos ya que sus tallos y hojas absorben y almacenan contaminantes.

Esta es la razón por la cual el girasol es el símbolo internacional del desarme nuclear.
74. Los médicos con caligrafía desordenada y confusa matan a más de 7.000 personas cada año y lesionan a más de un millón al recibir los pacientes una medicación incorrecta.
75. Agregar azúcar a una herida reducirá en gran medida el dolor y acelerará el proceso de cicatrización.
76. Los diamantes verdaderos no salen en las radiografías.
77. Alemania fue el primer país en darse cuenta del vínculo que hay entre fumar y el cáncer de pulmón. Hitler fue incluso uno de las primeras personas en liderar la campaña antitabaco.
78. Tras la muerte del creador de las papas Pringles, Fredric Baur, sus cenizas fueron almacenadas en una lata de Pringles.
79. En 1996, DC y Marvel Comics publicaron una serie cruzada donde Wolverine y Batman se fusionaron en un solo personaje llamado Dark Claw o Logan Wayne.
80. Existen rosas que son todas negras y que solo se pueden encontrar en Halfeti, Turquía.
81. Suecia recicla tan bien que tiene que importar basura de Noruega para alimentar sus plantas de manejo de desechos.
82. Existen en realidad siete tipos diferentes de gemelos. Estos son: idénticos, fraternal, semi-idénticos, imagen espejo, cromosoma mixto, superfetación y superfecundación.
83. Plutón es más pequeño que Rusia.
84. Hay un perfume de Pizza Hut que huele a caja fresca de pizza.
85. La lengua de una ballena azul pesa más que un elefante y su corazón pesa más que un automóvil.
86. Labeorphilist es la afición por coleccionar y estudiar etiquetas de botellas de cerveza.
87. Los delfines no beben agua del mar porque los enferma incluso hasta la muerte. Estos obtienen todos los líquidos que necesitan de los alimentos que comen.
88. En Japón existen avispones gigantes con un veneno muy fuerte, capaz de derretir la piel humana.
89. Antes del siglo XVII, las zanahorias eran moradas hasta que una mutación cambió el color al que las conocemos ahora.
90. La gaseosa dietética arruina el esmalte de tus dientes tanto como la cocaína y las metanfetaminas.
91. La isla de Okinawa en Japón tiene más de cuatrocientos

habitantes cuya edad está por encima de los 100 años; la isla es conocida como el lugar más saludable de la Tierra.

92. Los Skittles y las gomitas contienen capullos de insectos; estos últimos se utilizan para bañar los caramelos y darles ese brillo especial conocido como laca.

93. Coca-Cola todavía usa las hojas de coca en su bebida. Una compañía en Nueva Jersey extrae primero la cocaína de las hojas y luego se las da a Coca-Cola para que las ponga en sus bebidas.

94. La piel de un tejón de miel es tan gruesa, que puede soportar golpes de machete, flechas y lanzas. La única forma segura de matar a uno es usando una porra o una pistola.

95. Si el sol se redujera al tamaño de una célula, la Vía Láctea sería del tamaño de los Estados Unidos.

96. El Síndrome de Pedantería Gramatical es una forma de trastorno obsesivo-compulsivo en la que los pacientes sienten la necesidad de corregir cada error gramatical que ven.

97. Cada año los Países Bajos envían 20.000 bulbos de tulipán a Canadá en señal de agradecimiento por su ayuda durante la Segunda Guerra Mundial.

98. Hay una flor llamada cosmos de chocolate que huele a chocolate pero no es comestible.

99. En Ámsterdam hay una caja de zapatos del tamaño de una casa que es una tienda Adidas.

100. Ben & Jerry's tiene un cementerio donde entierran todos sus sabores descontinuados.

5

Parte Cinco

1. Los cómics del Pato Donald fueron prohibidos en Finlandia porque Donald no llevaba pantalones.
2. Si el 1 de enero de un año bisiesto cae domingo, los meses de enero, abril y julio tendrán un viernes 13 cada uno. En el siglo XX esto sucedió en 1928, 1956 y 1984. Y en el siglo XXI esto sucederá cuatro veces: en 2012, 2040, 2068 y 2096.
3. El viajero suburbano promedio desperdicia alrededor de 42 horas en el tráfico cada año.
4. Aunque la Torre Eiffel se mantiene firme en sus cuatro patas, se sabe que se mueve. La estructura de 900 pies (320 metros) de altura puede balancearse si el viento es lo suficientemente fuerte, o expandirse hasta 7 pulgadas si el sol está muy fuerte.
5. El set utilizado en la película de Sherlock Holmes de 2009 fue reutilizado como la casa de Sirius Black en Harry Potter y la Orden del Fénix.
6. La prisión de "Santa Rita Do Sapucai" en Brasil permite a sus internos pedalear bicicletas estacionarias para encender las luces de una ciudad cercana a cambio de reducciones en sus penas.

Por cada dieciséis horas de pedaleo, se reduce un día de su sentencia.

7. En 2012, un hombre en China llamado Zao Phen mandó a coser 9.999 rosas rojas a un vestido para su novia antes de pedir su mano en matrimonio.

8. El código de Hammurabi es un conjunto de leyes babilónicas que se remontan al año 1772 AC; este contenía leyes progresistas como el salario mínimo y el derecho a ser un hombre libre. Fue escrito mucho antes que la Biblia y se encuentra muy bien conservado.

9. En la novela Forrest Gump, libro sobre el que se basó la película, Forrest va al espacio con la NASA pero al regresar aterriza en una isla llena de caníbales y solo logra sobrevivir derrotando al jefe caníbal todos los días en el ajedrez.

10. Existe una opción secreta del menú de McDonald's que puedes pedir y es un McChicken en el medio de una hamburguesa doble con queso.

11. Un grupo de hackers llamado UGNazi tumbó una vez el sitio web de Papa John's porque la compañía llegó dos horas más tarde de lo esperado a entregar su pedido.

12. El refugio de lluvia nuclear privado más grande del mundo es el "Arca Dos". Se comenzó a construir en la década de 1980 por Bruce Beach, al norte de Toronto. Tiene diez mil pies cuadrados y está compuesto por 42 autobuses escolares mezclados con concreto; funciona con generadores internos y tiene su propia capilla, sala de descontaminación y estación de radio.

13. Los Lamborghinis, Bentley y Aston Martins se utilizan como coches de policía en Dubai.

14. Un príncipe en Abu Dabi gastó USD 2,5 millones para crear un Mercedes Benz con un motor V10 y 1.600 caballos de fuerza; el auto va de 0 a 100 en menos de dos segundos y trabaja con biocombustible.

15. En lugar de usar latas de aerosol, algunos artistas crean imágenes semipermanentes en paredes u otros lugares al eliminar la suciedad de la superficie; esta técnica se conoce como grafiti inverso o impresión en limpio.

16. Hay un artista turco llamado Esref Armagan que es ciego, aun así aprendió a escribir y a pintar, y lleva haciéndolo durante los últimos 35 años.

17. El aerogel, también conocido como humo helado, es uno de los

sólidos de más baja densidad del mundo, compuesto por un 95-99% de aire. Es casi imperceptible a la vista o tacto, pero puede soportar 4.000 veces su propio peso.

18. Un cachorro de mastín tibetano de pelaje dorado se vendió por 12.000.000 de yuanes, lo que equivale a USD 2.000.000, convirtiéndolo en el perro más caro del mundo.
19. A diferencia de otros miembros de la familia de los gatos, los tigres disfrutan del agua y pueden incluso nadar bien. A menudo se sumergen en corrientes o charcos de agua para refrescarse.
20. "Oriole O's" es un tipo de cereal que está disponible únicamente en Corea del Sur.
21. En 2008, se descubrió que un reportero de asuntos criminales de 56 años de edad llamado Vlado Taneski, quien informaba sobre horribles asesinatos, era el propio asesino en serie.
22. Cuando una persona miente, experimenta un aumento de temperatura alrededor de la nariz, lo que se conoce como efecto Pinocho.
23. En la década de 1980, un hombre conocido solo como George tenía un trastorno obsesivo-compulsivo tan grave, que se disparó en la cabeza en un intento de suicidio. La bala no lo mató pero destruyó la parte del cerebro que causaba el trastorno. Cinco años después pasó a tener las mejores calificaciones en la universidad.
24. Henry Ford fue el primer gigante industrial que dio a sus trabajadores los días sábado y domingo libres con la expectativa de fomentar el uso de vehículos en el tiempo libre, popularizando así el concepto del fin de semana.
25. Contrario a la creencia popular, hacer crujir los huesos no los daña ni causa artritis. Es simplemente el estallido de las burbujas de gas lo que oyes; no obstante, hacerlo demasiado provoca daño en los tejidos.
26. La razón por la cual las cabezas de lego tienen agujeros es para permitir que el aire circule a través de ellas en el caso de que un niño se trague una.
27. Si tu ojo fuese una cámara digital, tendría 576 megapíxeles.
28. Gracias al telescopio Hubble, científicos han descubierto un planeta azul celeste profundo, ubicado a sesenta y tres años luz de distancia, en el que llueve vidrio líquido lateralmente.
29. En Roma los turistas arrojan más de un millón de euros a La

Fontana di Trevi cada año. La ciudad usa ese dinero para financiar un supermercado para los pobres.
30. Hay un colchón que se inventó para acurrucarse, el cual tiene un lugar para poner tu brazo mientras te acurrucas.
31. Un leopón es un animal híbrido producto del cruce entre un leopardo macho y una leona.
32. Los embriones del tiburón tigre de arena luchan a muerte entre ellos dentro del útero de la madre hasta que queda un sobreviviente que es el que nace.
33. Hay un insecto llamado chinche asesina que usa el cadáver de sus víctimas como armadura.
34. Veronica Seider posee el récord mundial Guinness de la mejor vista del mundo. Puede ver 20 veces mejor que la persona promedio, logrando identificar la cara de alguien a una milla (1,6 km) de distancia.
35. Una cucharada de glaseado de pastel tiene menos grasa, calorías y azúcar que una cucharada de Nutella.
36. La palabra "fuente" solo se refiere a ciertas características de la letra como cursiva, tamaño y negrita. El estilo de las letras se llama tipografía.
37. La fuerza de la mandíbula de un oso pardo es tan poderosa, que podría aplastar una bola boliche con ella.
38. El guión original de El Señor de los Anillos se componía por una sola y larga saga, pero se dividió en tres libros para que los editores ganaran más dinero.
39. En Churchill Manitoba, Canadá, es ilegal cerrar con llave el automóvil, en caso de que alguien necesite esconderse de uno de los 900 osos polares que habitan en el área.
40. El árbol Baobab, originario de Madagascar, puede contener hasta 31.000 galones (120.000 litros) de agua.
41. El panda es el animal nacional de China y solo se encuentran en ese país; si ves uno en otro país, es porque ha sido prestado.
42. Utilizar una toalla de papel después de lavarse las manos reduce las bacterias en un 40%, mientras que usar un secador de aire las incrementa hasta en un 220%; esto se debe a que las bacterias crecen rápidamente en ambientes cálidos y húmedos.
43. Existe una compañía llamada Neurowear que vende auriculares capaces de leer las ondas cerebrales y de seleccionar la música según el estado mental.
44. Antes de que los nazis usaran el saludo que ahora conocemos

como el saludo de Hitler, este se llamaba el saludo Bellamy y era utilizado por los estadounidenses para saludar a la bandera, hasta que fue reemplazado en 1942 por el saludo de la mano sobre el corazón.

45. Los remolinos de fuego, también conocidos como tornados de fuego, son remolinos de llamas que se producen en países donde hace suficiente calor como Australia.
46. La nariz está conectada al centro de memoria de tu cerebro, de ahí que los olores activen algunos de los recuerdos más poderosos.
47. Climonia es el deseo excesivo de permanecer en la cama todo el día.
48. Las personas ciegas de nacimiento sonríen a pesar de no haber visto a nadie hacerlo antes, pues sonreír es una reacción humana natural.
49. Noruega permite a cualquier estudiante de cualquier parte del mundo estudiar en sus universidades públicas de forma gratuita.
50. En el estado de Nevada, la intoxicación pública no es solo abiertamente legal, sino que además es ilegal que cualquier ciudad o pueblo apruebe una ley que la haga ilegal.
51. Hay una compañía llamada True Mirror que hace espejos no reversibles que te muestran cómo realmente pareces ante otras personas.
52. Más del 90% de la población australiana vive a menos de 50km de su costa.
53. Los cuatro fantasmas en Pacman están programados para hacer ciertas cosas. Blinky, el fantasma rojo, te persigue; Pinky, el fantasma rosado, simplemente trata de ubicarse frente a Pacman; Inky, el fantasma azul, intenta ubicarse de la misma manera; y Clyve, el fantasma naranja, se mueve aleatoriamente.
54. El gato más pequeño del mundo fue un gato persa del Himalaya llamado Tinkertoy. A los siete años, medía tan solo 3 pulgadas (7 cm) de alto y 7 pulgadas (19 cm) de largo.
55. Existen pequeñas criaturas de ocho patas que están estrechamente relacionadas con las arañas; estos ácaros viven en los poros de la piel de la cara y se conocen como demodex.
56. Islandia no tiene ejército y ha sido reconocida como la nación más pacífica del mundo durante los últimos seis años. En comparación, el Reino Unido se ubica en el puesto 44 y Estados Unidos en el 100.

57. El rango auditivo de los humanos va de 20 a 20.000 Hertz. Si fuese inferior a 20, podríamos escuchar nuestros músculos moverse.
58. Contrario a la creencia popular, lavarse las manos con agua tibia no mata más bacterias que lavárselas con agua fría. Las bacterias solo mueren cuando el agua está hirviendo.
59. El término usado para señalar el olvido de algo tras cruzar una puerta se llama límite de evento.
60. Hay una flor que crece en América Central y del Sur que se llama labios de puta ya que precisamente a eso se parece.
61. La palabra en inglés "orange" (naranja) fue el nombre de la fruta durante cientos de años, antes de que el color fuese llamado como la fruta. Antes de eso, el color "orange" era conocido como yee-o-ler-eed.
62. En las primeras versiones de Caperucita Roja, la niña canibaliza a su propia abuela y luego el lobo se la come después de acostarse junto a él en la cama.
63. En Egipto hubo una época en la que a los actores no se les permitía atestiguar en la corte, ya que se les consideraba mentirosos profesionales.
64. En 2010, Johnny Depp respondió a la carta de una niña de nueve años llamada Beatrice Delap presentándose en su escuela con el disfraz del Capitán Jack Sparrow. En la carta la niña le pedía ayuda a los piratas para organizar un motín contra sus maestros.
65. Bob Marley fue enterrado con su guitarra roja Bison, una biblia abierta en el Salmo 23 y algo de marihuana.
66. La papafobia es el miedo al Papa.
67. En la versión original de La Sirenita de Hans Christian Anderson, Ariel no se casa con el príncipe. El príncipe se casa con alguien más y Ariel muere.
68. Los tigres, jaguares y guepardos se sienten atraídos por el perfume "Obsesión" de Calvin Klein.
69. En 2012 un cocodrilo le mordió la mano a un hombre de sesenta y tres años llamado Wallace Weatherhold, de Florida; el hombre fue acusado de alimentar ilegalmente al animal.
70. El hijo de Jackie Chan no recibirá un centavo de su fortuna valorada en USD 130 millones. Jackie refiriéndose a su hijo opina: "Él puede ganar su propio dinero si es capaz. Si no lo es, simplemente desperdiciará mi dinero".

71. Bruce Lee podía hacer flexiones con una sola mano, usando solo sus dedos índice y pulgar. También era conocido por su famoso golpe de una pulgada, donde era capaz de derribar a un oponente desde una distancia de solo una pulgada.
72. En 2013, Vietnam inauguró un puente de acero con forma de dragón que literalmente arroja fuego por la boca y se llama El Puente del Dragón.
73. Manel Torres, un diseñador de moda español, inventó el primer aerosol de ropa que permite pintar prendas de vestir directamente sobre el cuerpo creando una especie de tejido instantáneo; las prendas se pueden usar, lavar y usar nuevamente.
74. En 1983, Marvel publicó un cómic llamado "Your Friendly Neighborhood Spider Ham". Era un cerdo araña llamado Peter Porker.
75. Las chinches sobreviven más tiempo en las camas que han sido tendidas, razón por la cual los científicos sugieren dejar la cama sin tender de vez en cuando, por ser más saludable para la persona.
76. Durante la Segunda Guerra Mundial, el submarino británico "HMS Trident" tuvo un reno adulto a bordo como mascota durante seis semanas.
77. La democracia se inventó en Grecia hace 2.500 años.
78. Los romanos usaban la orina para limpiar y blanquear sus dientes. En realidad estaban en lo correcto ya que la orina contiene amoníaco, y este a su vez contiene una sustancia que limpia y blanquea.
79. Hay una ciudad llamada "Roma" en cada continente.
80. El lugar más seco de la Tierra es la Antártida, en donde algunas partes no han visto caer precipitaciones en años.
81. Arabia Saudita no tiene ríos.
82. Hay una película del año 2010 llamada Rubber; trata sobre una llanta de automóvil asesina llamada Robert que rueda matando gente y explotando cosas.
83. Hay un reloj despertador llamado Clocky que tiene ruedas, y se escapa y se esconde si no te levantas de la cama a tiempo.
84. Puedes hacer tu propio Gatorade en casa simplemente agregando sal a un poco de Kool-aid. No es la receta exacta pero contiene electrolitos.
85. El Viernes Santo de 1930, la BBC anunció que no había noticias

que dar. Seguidamente colocaron música de piano durante todo el segmento.
86. Aun cuando Volvo inventó el cinturón de seguridad de tres puntos, abrió la patente a cualquier fabricante de automóviles que quisiera implementarlo, ya que sentían que tenía más valor como herramienta para salvar vidas, que como medio para lucrarse.
87. El interrogador más exitoso de la Segunda Guerra Mundial fue Hanns Scharff, quien en lugar de usar la tortura, prefería hacerse amigo del prisionero, ganándose su confianza mientras los llevaba al cine en el campamento y compartía un café o té con ellos.
88. En la Curve Gallery del Barbican Centre en Londres hay un área llamada sala de lluvia donde, a través del uso de sensores, llueve en todas partes de la sala excepto por donde se camina.
89. En el Acuario Crocosaurus Cove en Australia hay una famosa atracción turística llamada La Jaula de la Muerte, la cual permite un acercamiento cara a cara con cocodrilos gigantes.
90. Hay una compañía de juguetes canadiense llamada Child's Own Studios que convierte los dibujos hechos por niños en animales de peluche.
91. Todos los humanos tienen líneas en sus cuerpos llamadas líneas de Blaschko; estas solo se pueden ver bajo ciertas condiciones, como por ejemplo con luz UV.
92. A finales de la década de 1990, BMW tuvo que retirar sus sistemas de GPS porque los conductores alemanes de sexo masculino no querían seguir indicaciones provenientes de una mujer.
93. En 2010, una pareja negra nigeriana que vivía en el Reino Unido dio a luz a un bebé blanco y rubio con ojos azules al que llamaron el bebé milagro.
94. El punto sobre la "j" o "i" se llama "tittle" en inglés y "punto" en español.
95. Atelofobia es el miedo a no ser lo suficientemente bueno o a tener imperfecciones.
96. La letra "u" fue utilizada por primera vez como un sustituto de la palabra "you" por William Shakespeare en su comedia Trabajos de Amor Perdidos, alrededor del año 1595.
97. El actor que interpreta Mr. Bean, Rowan Atkinson, evitó en una

ocasión que un avión se estrellara después de que el piloto se desmayara, aun cuando nunca había piloteado un avión antes.
98. En el verano de 1932, mientras estaba sentado en un restaurante, Adolf Hitler diseñó el prototipo de lo que se convertiría en el primer Volkswagen Escarabajo.
99. En marzo de 2013, un hombre se hizo un tatuaje con la palabra Netflix en su torso. Tras twittear una foto de su tatuaje a Netflix, la compañía le regaló un año de servicio gratuito.
100. Para beber agua, las jirafas tienen que separar sus patas delanteras de casi dos metros lo suficientemente como para poder acercarse a la fuente.

6

Parte Seis

1. La descendencia de dos pares idénticos de gemelos son primos entre sí, pero genéticamente son hermanos.
2. Los Doritos se pueden hacer sin el polvo con el que vienen y tienen el mismo sabor, pero la compañía lo agrega intencionalmente porque considera que es parte de la experiencia de consumo del producto.
3. Ryan Gosling fue elegido para el papel de Noah en la película "The Notebook" porque el director quería a alguien que "no fuese guapo".
4. Cuando Charles Darwin descubrió por primera vez las grandes tortugas en las Islas Galápagos, intentó montarse sobre ellas.
5. Desde el año 1945, todos los tanques británicos vienen equipados con utensilios para hacer té.
6. Enamorarse y consumir cocaína producen el mismo efecto de volar por las nubes.
7. En 1945, un hombre llamado Tsutomu Yamaguchi sobrevivió a la explosión atómica en Hiroshima, luego tomó el tren de la mañana para llegar temprano a su trabajo en Nagasaki, en donde sobrevivió a otra explosión atómica.

8. Hay un metal llamado galio que se derrite en la mano.
9. Los reflejos de Bruce Lee eran tan rápidos, que podía arrebatar una moneda de un cuarto de dólar de la palma de la mano abierta de una persona y reemplazarla con un centavo antes de que la persona pudiera cerrar el puño.
10. A finales de los 90 hubo un programa de televisión ruso llamado La Intercepción donde los concursantes tenían que robar un automóvil. Si no eran atrapados por la policía en 35 minutos, podían quedarse con el vehículo; de lo contrario, eran arrestados.
11. La turofobia es el miedo al queso.
12. De acuerdo con un estudio realizado por la Universidad de Mekuin en Canadá, jugar videojuegos antes de acostarse a dormir le da a la persona la capacidad de controlar sus sueños. El estudio también sugiere que los videojugadores son más propensos a tener sueños lúcidos en comparación con los que no los juegan.
13. El bolsillo pequeño que se encuentra en el bolsillo grande de los jeans fue originalmente diseñado para llevar un reloj de bolsillo.
14. La sandía contiene un ingrediente llamado citrulina que puede activar la producción de un componente que ayuda a relajar los vasos sanguíneos del cuerpo del mismo modo que el Viagra.
15. Los cocodrilos no pueden sacar la lengua ni masticar.
16. Marvel Comics creó una vez un superhéroe llamado Throg; este era un sapo que tenía el poder de Thor y pertenecía a un grupo llamado Pet Avengers.
17. El puente natural más grande del mundo es el Ferry Bridge en China; era prácticamente desconocido para el resto del mundo hasta que apareció en Google Maps.
18. Erno Rubik, el inventor del cubo de Rubik, tardó un mes entero en resolver su propia creación.
19. En Suiza, si se reprueba tres veces el examen práctico para obtener la licencia de conducir, la persona deberá ir a un psicólogo oficial para evaluar la razón de los fallos anteriores; esto como paso previo a volver a tomar el examen.
20. En 2011, un hombre llamado Richard James Verone robó un banco por un monto de un dólar para que pudiera ser enviado a la cárcel y así recibir atención médica gratuita.
21. Una compañía de software llamada PC Pitstop escondió una vez un premio de USD 1.000 en sus términos de servicio solo para

ver si alguien lo leía. Después de cinco meses y tres mil ventas, alguien finalmente lo leyó.
22. Llorar es realmente saludable puesto que ayuda emocionalmente, lubrica los ojos, elimina toxinas e irritantes y reduce el estrés.
23. El 2 de abril se celebra el Día Nacional de la Mantequilla de Maní y la Jalea en Estados Unidos.
24. Hay una novela rusa publicada que se llama El Último Portador del Anillo, la cual narra nuevamente la trama de El Señor de los Anillos desde la perspectiva de Sauron.
25. Si se juntan las primeras letras de los nombres de los personajes principales de la película El Origen: Dom, Robert, Eames, Arthur, Mal, Saito, estas deletrean la palabra "dreams" en inglés, que significa sueños.
26. Verne Troyer, el actor que interpreta a Mini-me en las películas de Austin Powers, tiene que hacer todas las acrobacias él mismo porque con su altura de 2,7 pies (81 cm), no existe un doble de su tamaño que pueda reemplazarlo.
27. En 2006, se confirmó la existencia en Canadá de una rara especie híbrida de oso pardo y oso polar, que bautizaron como oso grolar o grizzly-polar. El calentamiento global ha causado el derretimiento del hábitat del oso polar, provocando su desplazamiento en busca de refugio hacia lugares donde habita el oso pardo.
28. En 1993, un hombre chino llamado Hu Songwen fue diagnosticado con insuficiencia renal. En 1999, tras no poder seguir pagando los gastos del hospital, construyó su propia máquina de diálisis que lo mantuvo con vida durante otros 13 años.
29. En 1987, un hombre llamado Mike Hayes, estudiante del primer año, le pidió a un amigo que trabajaba en el periódico Chicago Tribune que escribiera un artículo donde le pidiera a los lectores que donaran un centavo cada uno para el pago de su matrícula. Inmediatamente empezaron a llegar centavos, monedas de cinco centavos y otras donaciones más grandes aún de todo el mundo. Después de acumular el equivalente a 2,9 millones de centavos, pagó y se graduó en Ciencias de la Alimentación.
30. Los concursantes que son eliminados del programa Hell's Kitchen, los someten inmediatamente a evaluaciones

psiquiátricas; luego los llevan a una casa donde son mimados con masajes en la espalda, cortes de cabello y manicuras. Esto se debe a que la experiencia en el programa es tan agotadora, que los productores no quieren que los concursantes eliminados se suiciden o vayan a matar a alguien más tarde.

31. Bhumibol Adulyadej, el rey de Tailandia, nació en realidad en Cambridge, Massachusetts, Estados Unidos, en 1927. Cuando nació, la habitación del hospital donde fue entregado se declaró temporalmente territorio tailandés y así poder cumplir la ley de haber nacido en suelo tailandés.
32. Suiza tiene refugios nucleares suficientes como para alojar al 114% de su población. Es un requisito legal para los suizos contar con un lugar protegido al que se pueda acceder rápidamente desde su lugar de residencia.
33. Un estudio llevado a cabo por la Universidad de Loma Linda en 2010 concluyó que la risa no solo reduce el estrés, sino que también aumenta la producción de anticuerpos y mata la actividad de las células tumorales.
34. Hay un chimpancé en un zoológico ruso llamado Zhora que se volvió adicto al alcohol y al tabaco después de que muchos visitantes comenzaran a darle bebidas alcohólicas y cigarrillos. En 2001, el chimpancé fue enviado a rehabilitación para ser tratado por sus adicciones.
35. Ioannis Ikonomou, Jefe de Traducción de la Comisión Europea, puede hablar 32 idiomas diferentes. Su lengua materna es el griego y es el único traductor interno de la Comisión Europea al que se le confía la traducción de documentos clasificados chinos.
36. En 1860, Abraham Lincoln se dejó crecer su famosa barba porque recibió una carta de una niña de 11 años llamada Grace Bedell en la que le decía que a todas las mujeres les gustaban los bigotes y que convencerían a sus esposos de que votaran por él para presidente.
37. En 2013, Sean Conway se convirtió en el primer hombre en nadar la longitud total de Gran Bretaña. La hazaña de 900 millas (1400 km) le tomó 135 días para completarla. Noventa días trascurrieron en el agua y el resto evitando el mal tiempo y descansando.
38. Existe un síndrome llamado Efecto Tetris que ocurre cuando las personas dedican tanto tiempo y atención a una actividad, que

comienzan a modelar sus pensamientos, imágenes mentales y sueños.

39. Los expertos creen que Nueva York es hogar de hasta 800 idiomas, lo que la convierte en la ciudad con mayor diversidad lingüística del mundo.
40. Los hongos rojos que aparecen en los juegos de Nintendo de Mario Bros se basan en una especie real de hongos llamada amanita muscaria. Estos son conocidos por sus propiedades alucinógenas y pueden distorsionar el tamaño de los objetos percibidos. Este es el mismo hongo al que se hace referencia en Alicia en el País de las Maravillas.
41. En 2013, Francia prohibió los concursos de belleza infantiles porque promueven la hipersexualización de menores. Cualquiera que organice un concurso de este tipo, podría enfrentar prisión por hasta 2 años y una multa de hasta 30.000 euros.
42. Antes de convertirse en Iron Man, el actor Robert Downey Junior era drogadicto. Él atribuye su sobriedad a la cadena de comida rápida Burger King. En una entrevista con la revista Empire, Robert reveló que en 2003 mientras conducía un vehículo lleno de drogas, se detuvo a ordenar una hamburguesa de Burger King; la hamburguesa era tan mala, que se sintió obligado a frenar, salir del vehículo y arrojar toda la droga al océano.
43. Durante la Segunda Guerra Mundial, a los prisioneros en los campos de guerra canadienses se les brindó un buen trato, con opciones de juegos y entretenimiento como torneos de fútbol y grupos musicales. Cuando terminó la guerra, muchos de ellos no querían irse de Canadá.
44. Según el reglamento de la mayoría de las aerolíneas, el piloto y el copiloto de un avión deben comer comidas distintas. Esto por si se da el caso de que una de las comidas llegue a causar intoxicación por alimentos.
45. En 1938, Walt Disney recibió un Oscar honorífico por Blanca Nieves. La estatuilla que recibió vino con siete mini estatuillas en una base escalonada.
46. En 2014, Budapest rompió el récord mundial de la torre de Lego más alta que se ha construido. La estructura fue hecha con 450.000 piezas coloridas y coronada con un gran cubo húngaro

de Rubik's; la torre se eleva a 114 pies (34 metros) de altura frente a la Basílica de San Esteban.

47. En 2013, Google envió a uno de sus empleados a una isla japonesa abandonada llamada Gunkjima para cartografiarla para Google Street View. La isla fue en algún momento la más densamente poblada del mundo pero ahora se encuentra completamente abandonada.
48. La eccrinología es una rama de la ciencia médica que estudia las secreciones.
49. A principios de la década de 1930, se hizo popular un movimiento social que proponía reemplazar a políticos y empresarios por científicos e ingenieros para la administración de la economía. Eventualmente la idea se extinguió.
50. Hay un efecto secundario de la privación del sueño llamado microsueño en el que una persona se queda dormida durante unos segundos o incluso minutos sin darse cuenta. Es extremadamente peligroso y es una de las mayores causas de accidentes en la vía.
51. En 2014, Molly Schuyler, una mujer que compite en concursos de comer comida y que pesa tan solo 126 libras (57 kg), ganó cuatro concursos en solo tres días. Se comió un total de 363 alitas de pollo, 59 panqueques, 5 libras de tocino y 5 libras de carne a la parrilla.
52. La Bombilla Centenaria en Livermore, California, ha estado encendida desde 1901 y es la bombilla de luz que más tiempo ha durado según el Libro Guinness de los Récords. La bombilla tiene al menos 113 años y ha sido apagada pocas veces.
53. Hay un edificio de oficinas de 16 pisos en Osaka, Japón, conocido como el Gate Tower Building, que tiene una autopista que atraviesa los pisos quinto, sexto y séptimo de la estructura.
54. Nos perdemos de un 10% de todo lo que vemos por pestañear.
55. Hay 1.000 gigabytes en un terabyte y la mayoría de los neurocientíficos estiman que el cerebro humano puede almacenar entre 10 y 100 terabytes de información.
56. La mitad de la población mundial nunca ha hecho o recibido una llamada telefónica.
57. Aproximadamente un tercio de toda la comida producida en el mundo para el consumo humano termina en la basura. Esto es alrededor de 1,3 billones de toneladas, el equivalente a un billón de dólares.

58. En Islandia está prohibido ponerle un nombre a tu hijo que no haya sido aprobado previamente por el Comité Islandés para los Nombres.
59. Existe una tribu en África Occidental, conocida como la Tribu Matami, que juega una versión muy parecida a la del fútbol que conocemos, solo que utilizan un cráneo humano en vez de un balón.
60. El primer país que permitió el voto a la mujer fue Nueva Zelanda en 1893.
61. La Organización Mundial de la Salud afirma que existen mil millones de fumadores activos en el mundo y más de 600.000 fumadores pasivos que mueren cada año.
62. Hasta 1930, la letra "E" solía representar una nota reprobatoria en Estados Unidos; sin embargo, esta se cambió por la letra "F" ya que los profesores se empezaron a preocupar cuando los estudiantes confundían el significado de la "E" por "excelente".
63. Hay una escuela llamada Milagro Ordinario en Yoshkar-Ola, Russia, que parece un castillo de cuento de hadas. La construyó un hombre llamado Sergey Mamaev para su esposa, quien quería enseñar en una escuela a donde los niños realmente quisieran ir.
64. En abril de 2014, el gobierno danés construyó una réplica exacta de Dinamarca en el juego online Minecraft utilizando cuatro trillones de bloques de construcción Minecraft. Esto se hizo con fines educativos pero en las siguientes semanas jugadores estadounidenses invadieron el juego plantando banderas americanas y explotando cosas por doquier.
65. En 1975, el profesor Jack Hetherington de la Universidad Estatal de Michigan puso a su gato como coautor de un artículo de investigación en el que estaba trabajando. Esto lo hizo porque utilizó por error palabras como "nosotros" y "nuestros", y no estaba de humor para revisarlo y editarlo de nuevo.
66. En Finlandia cuando te gradúas como PhD, se te obsequia un sombrero doctoral que parece un sombrero de copa, así como una espada doctoral.
67. Hasta 2010 se pensaba que Sogen Kato era el hombre más viejo en Tokio hasta que un grupo de oficiales le hicieron una visita en su casa para desearle un feliz cumpleaños número 111 y solo encontraron sus restos momificados. Resultó que Sogen había

muerto hacía 30 años y su familia era quien cobraba el dinero de la pensión.
68. El sonido viaja más rápido a través de los sólidos. Este se debe a que las moléculas en un medio sólido están más cerca unas de otras que en un medio líquido o gaseoso, permitiendo que las ondas sonoras viajen más rápido.
69. Una pelota de cristal maciza puede rebotar más alto que una pelota de goma cuando ambas se dejan caer desde la misma altura. Una pelota de acero macizo puede rebotar incluso más alto que una pelota de cristal maciza.
70. Los antibióticos no son efectivos contra los virus. Solo son efectivos contra las infecciones causadas por bacterias.
71. El combustible se expande con el aumento de la temperatura, por lo tanto, si necesitas llenar tu vehículo, hazlo mejor temprano en la mañana o tarde en la noche, cuando no haga tanto calor, y así le sacas mayor provecho al dinero.
72. Bill Hewlett y David Packard, fundadores de HP, lanzaron una moneda al aire para decidir si la empresa que crearon se llamaría Hewlett-Packard o Packard-Hewlett.
73. Alrededor de 1.000 selfies se postean en Instagram cada 10 segundos, lo que equivale a 93 millones de selfies al día.
74. 97% de todos los emails son spam.
75. El almacenamiento digital no escala en medidas de miles. 1024 bits hacen un byte, 1024 bytes hacen un kilobyte, seguido por megabyte, gigabyte, terabyte y petabyte.
76. A un grupo de cuervos se les llama crueldad.
77. Algunas estadísticas reportan que 1 de cada 8 bebés se entrega a padres equivocados en algún momento durante su estadía en el hospital.
78. Aparte del estómago del cocodrilo y de la parte superior de su cabeza, el resto de su piel es a prueba de balas.
79. La tecnología de filtración usada en los aviones es la misma tecnología que se usa para filtrar aire en los hospitales.
80. Incluso 6 horas después del deceso de una persona, los músculos siguen presentando espasmos.
81. Hasta el año 2016, alrededor de 280 alpinistas habían muerto en el Everest. Sus cuerpos se conservan tan bien, que se utilizan como marcadores.
82. Las arterias de la ballena azul son tan grandes, que un humano adulto podría deslizarse a través de ellas.

83. La nicotina de una inhalación de cigarro llega al cerebro en 7 segundos. El alcohol demora 6 minutos aproximadamente.
84. Los humanos poseen el cerebro más grande en términos del tamaño con relación al cuerpo. El animal con el cerebro más grande en general es el cachalote; su cerebro pesa 17 libras (7 kg).
85. El país con más millonarios es Estados Unidos. El país con más billonarios es China.
86. El país con la costa más larga en la Tierra es Canadá.
87. La seda de una araña dentro de su cuerpo es líquida; esta se endurece y se convierte en sólida cuando sale de las glándulas de la araña y entra en contacto con el aire.
88. El primer email se envió en 1971. Este se envió a la computadora de al lado como prueba.
89. Los humanos son capaces de sentir los efectos de un corazón roto por amor. Esto se conoce como "miocardiopatía por estrés". Si tienes el corazón roto, tu sangre puede tener tres veces más la cantidad de adrenalina que una persona sufriendo un infarto.
90. La lata se inventó en 1810. El abrelatas se inventó 48 años después. Durante ese tiempo la gente utilizó martillos y cinceles para abrirlas.
91. El adulto promedio tiene 8 libras (3,6 kg) de piel, o alrededor de 22 pies cuadrados (2 metros cuadrados) de esta.
92. El primer disco duro se inventó en 1956 y pesó algo más de una tonelada.
93. Aunque el cerebro se termina de desarrollar físicamente a la edad de 5, la parte racional del mismo no estará completamente desarrollada sino hasta los 25.
94. Una encuesta de 2500 participantes arrojó que una persona en promedio pasa 42 minutos a la semana en el inodoro, lo que equivale a 92 días durante toda su vida.
95. La Pirámide de Giza fue construida con 2 millones de ladrillos de piedra, con piedras que pesaban más de dos toneladas cada una. Su construcción duró 85 años.
96. Los leones tienen el rugido más fuerte de todos los animales, alcanzando 114 decibeles a una distancia de aproximadamente un metro. Su rugido se puede oír a 2 millas (3 km) de distancia.
97. Las perezas pueden vivir hasta 30 años y pasar de 15 a 18 horas al día durmiendo.
98. Solo el 30% de la superficie de nuestro planeta es tierra.

99. Se estima que la peste negra mató de 30 a 60% de la población total de Europa en el siglo XIV.
100. Se necesitarían 1,2 millones de mosquitos chupando una vez cada uno para drenar completamente la sangre de un humano adulto.

7

Parte Siete

1. Cualquier cosa que se derrita puede convertirse en vidrio, sin embargo, habrá residuos fundidos que se quedarán pegados.
2. El lenguaje escrito fue inventado por los mayas, egipcios, chinos y sumerios de forma independiente.
3. Hay un fenómeno que ocurre en el río Mekong en Tailandia, en donde bolas de fuego rojizas, conocidas como bolas de fuego del Naga, se elevan aleatoriamente en el aire. Hasta ahora se desconoce el por qué.
4. Si googleas la palabra "askew'" en inglés, el resultado de la búsqueda mostrará la pantalla ligeramente inclinada en el sentido de las agujas del reloj. Dicha palabra significa "torcido" en español.
5. Los mosquitos no solo te pican y te chupan la sangre, sino que te orinan antes de irse volando.
6. La razón por la cual las personas tradicionalmente usan el anillo de bodas en el dedo anular izquierdo es porque antes de que la ciencia médica descubriera cómo funcionaba el sistema circulatorio, la gente creía que había una vena que iba

directamente desde el cuarto dedo de la mano izquierda hasta el corazón.

7. La palabra vodka en ruso se traduce como "poca agua".
8. El teléfono móvil tiene 10 veces más bacterias que el asiento del inodoro.
9. La mitad del ADN de un plátano es idéntico al que se encuentra en los genes humanos.
10. La lengua de una jirafa mide 8 pulgadas (21 cm) de largo.
11. Las medallas de oro de hoy día contienen solo 1,3% de oro. La última vez que se entregó medallas de oro puro fue en los Juegos Olímpicos de Estocolmo de 1912.
12. Se necesitarían más de cincuenta millones de globos para levantar una casa de peso promedio del suelo, como en la película "Up: Una Aventura de Altura".
13. Existe un libro llamado "Todo lo que los Hombres Saben sobre las Mujeres" que tiene 100 páginas, todas en blanco.
14. El orgasmo de una abeja melífera macho es tan intenso, que sus órganos sexuales explotan y poco después muere.
15. El chaleco antibalas Kevlar fue inventado por un repartidor de pizzas después de recibir dos disparos en el trabajo.
16. Si te vas de Tokio en avión a las 7am, llegarás a Honolulu alrededor de las 8pm del día anterior, debido a las 19 horas de diferencia entre ambas zonas horarias.
17. Hay una condición llamada "hipertimesia" que produce que la persona recuerde cada detalle de su vida. Solo se conoce de 12 personas en el mundo con esta condición.
18. Todos los personajes de la película Toy Story pestañean un ojo a la vez.
19. Las compañías Louis Vuitton y Chanel queman sus productos al final de cada año para evitar que se vendan con descuento.
20. Es posible ver un arcoíris como un círculo completo desde un avión.
21. Los hermanos Adolf Dassler y Rudolf Dassler, iniciadores de las marcas Puma y Adidas, formaban parte del partido Nazi.
22. La madre más joven en la historia de la medicina fue Lina Medina de Perú, quien dio a luz a un bebé cuando tenía apenas 5 años.
23. Al igual que los humanos, las hormigas practican la guerra. De hecho implementan estrategias como enviar a las hormigas más débiles a pelear primero.

24. Si mides más de 6,2 pies (1,88 metros), no puedes ser astronauta.
25. Jackie Chan no es solo un actor, sino una estrella de pop en Asia con 20 álbumes lanzados desde 1984. Jackie canta también los temas de sus propias películas.
26. La Coca-Cola fue inventada por un farmacéutico estadounidense llamado John Pemberton, quien la promocionó como un tónico para los nervios que podía aliviar dolores de cabeza y fatiga.
27. Es más propenso morir en el camino a comprar un boleto de lotería, que ganar la lotería.
28. Sabemos más sobre la superficie de la luna que sobre nuestros propios océanos.
29. La palabra "jaque mate" en ajedrez proviene del árabe "Shah Mat", que significa "el rey está muerto".
30. Voldemort en francés se traduce como "vuelo de muerte".
31. Rusia y Japón aún no han firmado un tratado de paz para poner fin a la Segunda Guerra Mundial.
32. Las papas tienen más cromosomas que un humano.
33. En el Reino Unido la reina no puede ser arrestada sin importar el crimen que haya cometido. Esto se debe a que la Corona en sí representa el poder fiscal en el Reino Unido y, por lo tanto, la Corona no puede acusarse a sí misma. Los otros miembros de la familia real no gozan de la misma inmunidad.
34. En 2011, Barack Obama se convirtió en el primer presidente en elaborar cerveza en la Casa Blanca; se llamó "White House Honey Ale".
35. La promesa que hacen dos personas cruzando sus dedos meñiques vino de Japón; significaba que si alguien rompía la promesa, debía cortar su dedo meñique.
36. Crepúsculo fue rechazado catorce veces antes de ser aceptado.
37. La palabra "Googol" es en realidad un término matemático usado para designar un número muy grande compuesto por un 1 seguido de cien ceros.
38. Hay una fobia llamada "complejo de Jonás" que hace que una persona le tenga miedo a su propio éxito, evitando que alcance su máximo potencial.
39. Arnold Schwarzenegger recibió USD 15 millones por la segunda película de Terminator, en la cual solo hubo 700 palabras de diálogo. Calculando el costo por palabra, su famosa línea "hasta la vista bebé" costó más de USD 85.000.

40. Hoy en día existen servicios de snuggery donde puedes contratar a alguien para que se acurruque contigo por USD 60 la hora.
41. La congestión de tráfico de la "Autopista Nacional China 110" se consideró el atasco más largo de la historia. Tenía 100 km de largo y duró 11 días.
42. Si eliminaras todo el espacio vacío de los átomos que forman a cada humano en el planeta, todos los humanos de la Tierra podrían caber en una manzana.
43. Si descubriésemos alguna forma de extraer oro del núcleo de la Tierra, podríamos cubrir todo el planeta con oro hasta nuestras rodillas.
44. En los planetas Urano y Neptuno llueve diamantes.
45. El jousting o justas es el deporte oficial en el estado de Maryland.
46. La ballena azul puede consumir 480 millones de calorías de alimentos en una sola inmersión.
47. Hay solo dos partes del cuerpo humano que nunca dejan de crecer, las orejas y la nariz.
48. La tienda de ropa H&M significa Hennes & Mauritz.
49. El salto humano más largo es más extenso que el salto de caballo más largo. En los Juegos Olímpicos de 1968, se estableció el récord mundial en 8,9 metros, mientras que el récord para un caballo es de 8,4 metros (28 pies).
50. Todo el personal de Pixar tuvo que tomar un curso universitario en biología de peces antes de hacer la película Buscando a Nemo.
51. En Berna, Suiza, hay una estatua de 500 años de un hombre comiendo un saco de bebés y nadie está seguro de qué significa.
52. El pez Koi puede vivir durante muchos años. El Koi que más tiempo ha vivido fue uno llamado Hanako, vivió 225 años.
53. Space Jam es la película de baloncesto más taquillera de todos los tiempos
54. La Bestia de La Bella y La Bestia es una criatura llamada "Quimera", que tiene rasgos de siete animales diferentes.
55. El plástico de embalaje de burbujas se inventó originalmente en 1957 para venderse como papel tapiz.
56. Si googleas las palabras "Zerg rush", Google comenzará a comerse la página de búsqueda.
57. El cine Prince Charles Cinema en Londres tiene ninjas

voluntarios que se escabullen y callan a cualquiera que esté haciendo ruido o arrojando cosas dentro de la sala.
58. Un empleado de Pixar eliminó accidentalmente una secuencia de Toy Story 2 durante la producción. Hubiese tomado un año en rehacer la secuencia; por fortuna, otro empleado tenía todo respaldado en su computadora personal.
59. El primer vuelo comercial tan solo duró 23 minutos y costó USD 8.500 al valor del dinero actual. La ruta fue entre San Petersburgo - Florida y Tampa - Florida.
60. El campeón mundial de Scrabble en francés no habla realmente francés. Nigel Richards memorizó en nueve semanas todo el diccionario francés de Scrabble que contiene 386.000 palabras.
61. Las mujeres han usado pruebas de embarazo desde el año 1350 AC. Solían orinar en semillas de trigo y cebada para saber si estaban embarazadas o no. Si el trigo crecía, era señal de una hembra; si la cebada crecía, era señal de un varón. Si nada crecía, entonces la mujer no estaba embarazada. Esta teoría fue probada, demostrando precisión el 70% de las veces.
62. Martin Luther King Jr. obtuvo una C como calificación en hablar en público.
63. La temperatura de las pelotas de tenis afecta la forma cómo estas pueden rebotar. Wimbledon repasa más de cincuenta mil pelotas de tenis al año, las cuales mantienen a 68 grados Fahrenheit, para asegurarse de que solo se usen las mejores.
64. Los gatos adultos no tienen suficiente enzima lactasa para digerir la lactosa de la leche, lo que los hace intolerantes a la lactosa.
65. La campanología es el arte de sonar la campana.
66. Los papas no pueden ser donantes de órganos porque todo su cuerpo tiene que ser enterrado intacto, ya que pertenece a la Iglesia Católica universal.
67. Se pueden hacer 170 mil lápices de un árbol promedio.
68. El 90% del hielo de la Tierra está en la Antártida.
69. En Italia el negocio más productivo es la mafia, el cual genera USD 178 billones al año y representa el 7% del PIB del país.
70. Las palabras Tokio, Pekín y Seúl se traducen todas como "capital".
71. El sonido que escuchas cuando colocas una concha de caracol junto al oído no es el mar, sino la sangre que corre por tus venas.

72. La información dentro del cerebro viaja a una velocidad de 268 millas por hora (430 km/h).
73. En 1936, los rusos crearon una computadora que funcionaba con agua.
74. Google, Amazon, Microsoft y Facebook solo tienen 1,2 millones de terabytes de información almacenados en Internet.
75. Los gatos no pueden saborear la comida dulce.
76. El cerebro humano puede calcular más de mil procesos por segundo, lo que lo hace más rápido que cualquier computadora.
77. Solo el 15% de todas las plantas son terrestres.
78. La gente come papas desde hace 7000 años.
79. El océano más grande del mundo es el Océano Pacífico que cubre el 30% de la superficie del planeta.
80. Brasil, el país, lleva el nombre de un árbol.
81. Tienes un 14% más de probabilidades de morir el día de tu cumpleaños que cualquier otro día.
82. El país con más vegetarianos es la India.
83. Los párpados del castor son transparentes para poder ver a través de ellos mientras nada bajo el agua.
84. Indonesia tiene más de 17.000 islas.
85. El mandarín es el idioma más hablado en el mundo con 1.100 millones de hablantes.
86. Los diamantes no son en realidad tan raros. Una compañía llamada De Beers monopoliza el 95% del mercado y controla la distribución para mantener los precios altos.
87. Más del 50% del oxígeno que respiramos proviene de la selva amazónica.
88. En Japón, Burger King ha lanzado dos hamburguesas negras llamadas Kure Diamond y Kuro Pearl; todos sus ingredientes son negros, teñidos con tinta de calamar, incluido el pan, la salsa y el queso.
89. Hay un artista llamado Scott Wade famoso por crear arte en polvo sobre autos sucios, usando solo sus dedos y un pincel.
90. Cuando el propietario de la compañía de tractores, Ferruccio Lamborghini, expresó su frustración sobre el embrague de su Ferrari al fundador de la marca, Enzo Ferrari, Enzo lo insultó diciéndole que el problema era el conductor, no el automóvil. Ferruccio decidió entonces comenzar su propia compañía de automóviles y así nació el Lamborghini.

91. Colocar bolsas de té secas en el calzado o bolso del gimnasio, ayuda a absorber los malos olores de forma fácil y rápida.
92. El creador de Peter Pan, J. M. Barrie, cedió los derechos de la franquicia al Hospital de Niños Great Ormond Street para que siempre pueda cobrar regalías y así financiar el hospital.
93. Una mujer de Michigan llamada Barbara Soper dio a luz el 8/8/8, el 9/9/9 y el 10/10/10; la probabilidad de que esto pase es de 1 en 50 millones.
94. El parque acuático cubierto más grande del mundo es el Seagaia Ocean Dome en Japón con 900 pies (300 metros) de largo y 328 pies (100 metros) de ancho.
95. Hay una tribu en la India llamada War Khasi cuya forma de vida y costumbres originales aún se conservan en la actualidad.
96. Existe un arte que manipula las raíces de los árboles para crear un sistema de puentes vivos.
97. En 2005 Johan Eliasch, un millonario sueco, compró una terreno de casi medio millón de acres en la selva amazónica para poder preservarla.
98. Hay un pueblo en Alaska llamada Talkeetna cuyo alcalde honorario desde 1997 ha sido un gato llamado Stubbs.
99. En 2011, un hombre de 46 años llamado Mark Bradford persiguió y estranguló a un niño de 13 años, quien lo había matado varias veces en el videojuego Call of Duty.
100. Los fundadores y propietarios originales de Macy's, Isidor e Ida Straus, murieron en el Titanic; era la pareja de ancianos de la película que se fue a dormir cuando el barco se hundía, lo que realmente sucedió.

8

Parte Ocho

1. Un hombre de 102 años llamado Alan Swift de Connecticut condujo el mismo Rolls Royce Phantom 1 de 1928 durante casi 77 años, antes de morir en 2005.
2. Los astronautas a bordo de la Estación Espacial Internacional ven 15 amaneceres y 15 puestas de sol al día, con un promedio de uno cada 45 minutos, debido a la proximidad de la estación a la Tierra y la velocidad de su órbita.
3. Un estudio de la Universidad de Westminster en el Reino Unido arrojó que ver películas de terror puede quemar hasta casi 200 calorías, lo mismo que una caminata de media hora.
4. Asistir a Hogwarts costaría aproximadamente USD 42.000 al año si fuese real.
5. En las películas de Mi Villano Favorito, el lenguaje que hablan los minions es en realidad un lenguaje funcional escrito por los directores y llamado Minionese.
6. En 2012, una mujer de Nueva York llamada Deborah Stevens le donó un riñón a su jefe y fue despedida casi inmediatamente después.
7. Jesse James, un notorio bandolero de 1800, le dio una vez a una

viuda suficiente dinero para pagar a su cobrador de deudas; luego robó al cobrador de deudas cuando este salía de la casa de la viuda.

8. Todos los empleados de la fábrica de Ben and Jerry's se pueden llevar a casa tres pintas de helado todos los días.
9. En el antiguo imperio persa, los hombres solían debatir las ideas dos veces, una vez sobrios y otra vez borrachos, ya que creían que una idea tenía que sonar bien en ambos estados para ser considerada una buena idea.
10. Las cárceles de Brasil ofrecen a sus presos la oportunidad de reducir su sentencia de prisión hasta 48 días al año por cada libro que lean, sobre el que luego deben escribir un informe.
11. Los tejones de miel comen puercoespines y serpientes venenosas, asaltan colmenas de abejas en busca de miel, secuestran guepardos bebés y roban comida de leones hambrientos.
12. Más del 90% de las ventas de teléfonos móviles en Japón son de dispositivos a prueba de agua. Los japoneses son tan aficionados a sus teléfonos móviles que incluso los usan en la ducha.
13. Una pareja de California llamada Helen y Les Brown nacieron ambos el 31 de diciembre de 1918, estuvieron casados por 75 años y murieron con un día de diferencia en 2013, a la edad de 94 años.
14. En 1939, el New York Times predijo que la televisión fracasaría porque la familia estadounidense promedio no tendría tiempo suficiente para sentarse a verla.
15. El ex multimillonario Chuck Feeney ha regalado más del 99% de sus USD 6,3 billones para ayudar a niños desfavorecidos a ir a la universidad, dejando para él USD 2 millones.
16. Antes de que se inventaran los despertadores, había una profesión llamada "knocker up" que consistía en ir de cliente a cliente a tocar sus ventanas o golpear sus puertas con palos largos hasta que se despertaran. Esto duró hasta la década de 1920.
17. La Universidad Dalhousie en Halifax, Nueva Escocia, abrió una sala de cachorros donde los estudiantes pueden ir a jugar con ellos para aliviar el estrés.
18. Hay un hombre con síndrome de Down llamado Tim Harris que tiene y dirige un restaurante en Albuquerque, Nuevo México, llamado Tim's Place, donde sirven desayunos, almuerzos y abrazos. Es el único restaurante conocido cuyo

propietario es una persona con síndrome de Down y además es conocido como el restaurante más amigable del mundo.

19. Científicos del Laboratorio de Neurociencia Computacional ATR en Tokio, Japón, han desarrollado con éxito una tecnología que puede plasmar los pensamientos de una persona en la pantalla de una computadora.

20. Una mujer de sesenta y tres años llamada Joan Ginther, ex profesora de matemáticas y PhD en estadística de la Universidad de Stanford, ha ganado en cuatro ocasiones la lotería por un total de USD 20,4 millones. Nunca reveló cómo lo hizo pero las probabilidades de que esto ocurra es de una entre 18 septillones.

21. A principios de la década de 1990, Michael Jackson intentó comprar Marvel Comics para poder interpretar a Spider Man en una película de producción propia.

22. En 2013, los Países Bajos cerraron ocho cárceles debido a la falta de delincuentes.

23. Hay un hotel de lujo en Fiji llamado Poseidon Resort donde puedes dormir en el fondo del océano por USD 15.000 a la semana, con acceso incluso a un botón para alimentar a los peces que están fuera de tu ventana.

24. El mantenimiento percusivo es el término técnico usado para golpear algo hasta que funcione.

25. En 2005, hubo un reality show en Alemania llamado Carrera de Esperma en el cual 12 concursantes donaron su esperma a un laboratorio, donde médicos observaron la carrera de los espermatozoides hacia un óvulo. El ganador se llevó un Porsche.

26. En 1967, una revista llamada Berkeley Barb publicó una historia falsa sobre la extracción de químicos alucinógenos de los plátanos como un llamado a plantear interrogantes morales acera de la prohibición de las drogas. Desafortunadamente, la gente no se dio cuenta de que era falsa y comenzó a fumar conchas de plátano en un intento por drogarse.

27. Un autobús puede reemplazar cuarenta automóviles si la gente prefiriera usarlo.

28. Cuatro presidentes estadounidenses han sido asesinados por disparos.

29. La primera página web se lanzó el 6 de agosto de 1991 y su contenido era de carácter informativo.

30. La zenografía es el estudio del planeta Júpiter.

31. Aun cuando la Biblia está disponible de forma gratuita en muchos lugares de culto, es el libro más robado del mundo.
32. Las primeras botellas de Coca-Cola contenían cocaína.
33. La palabra "Señor" aparece 7.836 veces en 6.668 versículos de la Biblia.
34. Si se juntaran las ventas de McDonald's, Kellogg's y Microsoft, la cocaína generaría aún más que las tres juntas.
35. El navegante portugués Fernando de Magallanes bautizó al océano como "Océano Pacífico" debido a la calma de sus aguas.
36. El Salto Ángel en Venezuela es la cascada ininterrumpida más alta del mundo, con una altura de 3.200 pies (979 metros).
37. El jardín de flores más grande del mundo se encuentra en medio de un desierto en Dubai y tiene más de 500.000 flores frescas.
38. No está permitido llevar mercurio en un avión comercial de pasajeros, ya que puede dañar el aluminio del que está hecho el avión.
39. Si lanzas una manzana al mar, flotará porque es menos densa que el agua.
40. Un bebé recién nacido tiene aproximadamente una taza de sangre en todo su cuerpo.
41. El Big Ben en Londres no es la torre como tal, sino la campana dentro de ella.
42. El 99,8% de los cubanos saben leer y escribir, lo que lo convierte en uno de los países más alfabetizados del mundo.
43. Cuando una persona muere, su audición es el último sentido en irse.
44. Los tiburones matan a unas doce personas al año. La gente mata alrededor de once mil tiburones por hora.
45. Mueren más personas por intentar hacerse selfies que por ataques de tiburones.
46. Aproximadamente 1 de cada 6 judíos muertos en el Holocausto murieron en Auschwitz.
47. Los piratas solían usar parches sobre un ojo durante el día para poder ver mejor por la noche con ese mismo ojo.
48. El astatino es el elemento más escaso en la Tierra con solo treinta gramos en total en la corteza terrestre.
49. Uno de los organismos más poderosos es la bacteria de Gonorrea, la cual puede alcanzar hasta 100.000 veces su tamaño.

50. Los humanos tienen 23 pares de cromosomas mientras que los grandes simios tienen 24.
51. La Reina de Inglaterra posee legalmente un tercio de la superficie de la Tierra.
52. La luna más grande de nuestro sistema solar se llama Ganimedes; es más grande que el planeta Mercurio.
53. La Antártida se considera un desierto ya que solo recibe 2 pulgadas (50 milímetros) de precipitaciones al año.
54. Canadá es solo 2% más pequeño que Europa en cuanto a masa terrestre.
55. El hipocampo es un pequeño órgano situado en el cerebro y es el responsable de la memoria; este es más grande en las mujeres que en los hombres.
56. Amazon es la primera compañía en alcanzar un trillón de dólares.
57. La tasa de divorcios más alta del mundo por país es Luxemburgo, con un 87%. La más baja es la India con 1%.
58. Los gatos han existido desde el año 3600 AC.
59. Un pingüino tiene la habilidad de saltar seis pies (1,8 metros) fuera del agua sin ayuda.
60. Cuba tiene la tasa más alta de médicos por paciente en el mundo.
61. Alrededor de 300 horas de video se suben a YouTube cada minuto y casi 5 mil millones de videos son vistos cada día.
62. Una cuarta parte de los prisioneros del mundo están encerrados en Estados Unidos.
63. Hay un spa en la India exclusivo para elefantes.
64. Una tercera parte del peso corporal de una persona se perdería en Marte debido a la menor gravedad.
65. En el mundo se venden más árboles de Navidad artificiales que reales.
66. Actualmente hay 147 millones de onzas de oro en Fort Knox. Al precio de hoy de alrededor de USD 1.776 por onza, eso equivale a USD 261.6 billones.
67. El tráfico en Londres es tan lento como los carruajes de hace un siglo atrás.
68. La mayoría de las vitaminas que se obtienen al comer papas están en la cáscara.
69. El dinar kuwaití es la moneda más fuerte del mundo; un dinar equivale a 3,29 USD.

70. Eres más bajo de estatura por las tardes que por las mañanas.
71. La persona viva más vieja del mundo cuya edad se ha verificado es la japonesa Misao Okawa, quien tiene 116 años.
72. Los caracoles tienen la capacidad de regenerar un ojo si se les corta.
73. El índice de delincuencia en Islandia es tan bajo que la policía no lleva armas.
74. Los gatos no se maúllan entre ellos, maúllan para llamar la atención de los humanos.
75. El hombre más rico de la historia fue el Emperador Mansa Musa, cuya fortuna se cree que fue de alrededor de USD 400 billones tomando en cuenta la inflación.
76. La cuenca de Witwatersrand fue alguna vez la zona con mayores yacimientos de oro en el mundo. Más del 40% de todo el oro extraído ha salido de allí.
77. La tripofobia es el miedo a los agujeros.
78. El promedio de vida de un árbol de secoya es de 500-700 años, aunque se sabe de algunas secoyas costeras que viven más de 2000 años. Estos árboles pueden crecer hasta más de 360 pies de altura (109 metros).
79. Los osos pardos pueden hibernar hasta 7 meses y medio. Esto significa que no comen, ni beben, ni orinan, ni defecan en ese tiempo.
80. En la Universidad de Oaksterdam puedes obtener un título en Cultivo de Cannabis.
81. La fresa promedio tiene 200 semillas en el exterior. A esta no se le considera una fruta.
82. Hitler planeó invadir a Suiza pero se retractó ya que era muy difícil el acceso a través de las montañas circundantes.
83. A un grupo de hurones se les conoce como negocio.
84. Durante la Guerra Fría, el código de acceso de Estados Unidos a los misiles nucleares era ocho ceros; un código fácil para poder lanzar los misiles lo más rápido posible.
85. Solo el 1% de un átomo es materia; el resto es aire.
86. Hay más de 4 millones de aplicaciones disponibles para descargar en la tienda de aplicaciones de Android y Apple.
87. Hay 22 países en todo el mundo que no tienen ejército, armada o fuerza aérea.
88. Hay un libro antiguo llamado El Manuscrito Voynich que data

del Renacimiento italiano y que nadie puede leer, ya que está escrito en un idioma no identificado.

89. La calle más larga del mundo es Yonge Street en Canadá, con 1.178 millas (1.896 km) de largo.
90. No hay explicación de por qué no hay mosquitos en Islandia.
91. Stephen Hawking fue diagnosticado con ELA (esclerosis lateral amiotrófica) a los 21 años y se esperaba que muriera a los 25. Vivió hasta los 70.
92. Durante un aterrizaje de emergencia, un avión tiene la capacidad de vaciar su combustible de las alas para evitar que explote si se estrella.
93. La frase en inglés "Sir, I demand, I am a maid named Iris' es el palíndromo más largo; en otras palabras, la oración dice lo mismo si se lee al revés.
94. Las vacas tienen mejores amigos y se estresan cuando se separan de ellos.
95. Un pulpo bebé puede ser tan pequeño como la punta de tu dedo.
96. Hay un restaurante en Nueva Jersey que pertenece a Bon Jovi. El menú no tiene precios fijos; los clientes donan dinero o se ofrecen como voluntarios para pagar su comida.
97. La ciberadicción, también conocida como trastorno de adicción a internet, es un trastorno mental real que consiste en el uso adictivo, compulsivo o patológico del Internet.
98. Cameron Díaz y Snoop Dogg fueron juntos a la escuela. Cameron incluso le llegó a comprar en una ocasión algo de hierba a Snoop.
99. En 1961 Mel Blanc, la voz de Bugs Bunny, tuvo un grave accidente automovilístico que lo dejó en coma. Los médicos comenzaron a hablarle directamente a los personajes que su voz interpretó y él respondía a cada uno de ellos con la voz en cuestión. Tres semanas después, despertó del coma.
100. La primera aparición del nombre "Wendy" fue en Peter Pan. El nombre nunca se había registrado antes de la publicación del libro.

9

Parte Nueve

1. La piña no es una fruta, es una baya en realidad.
2. En inglés existen varias palabras que no tienen rimas tales como orange, purple, silver, month, ninth, pint, wolf, opus, dangerous, marathon y discombobulate.
3. La palabra en inglés "rhythm" (ritmo) es la palabra más larga en ese idioma que no tiene vocales.
4. Las compañías Audi, Bentley, Bugadi, Ducati, Lamborghini y Porsche pertenecen a Volkswagen.
5. La palabra en inglés "almost" (casi) es la palabra más larga en ese idioma cuyas letras siguen un orden alfabético.
6. La palabra en inglés "uncopyrightable" (que hace referencia a algo no protegido por derechos de autor) es la palabra de uso común más larga en ese idioma que no contiene ninguna letra repetida. La palabra "subdermatoglyphic" es incluso más larga y tampoco contiene letras repetidas, sin embargo, es un término médico utilizado únicamente por dermatólogos.
7. Las palabras en inglés "I am" (yo soy / yo estoy) forman la oración más corta en ese idioma.

8. Durante la Segunda Guerra Mundial, Jacklyn Lucas ingresó en el ejército y se convirtió en el soldado más joven en ganar una medalla de honor. Con apenas 17 años, se arrojó sobre dos granadas para proteger a los miembros de su escuadrón y sobrevivió.
9. 144 prisioneros lograron escapar con éxito de Auschwitz.
10. Se estima que la malaria ha sido responsable de la mitad de las muertes de todos aquellos que la han padecido.
11. Las manzanas, los duraznos y las frambuesas son miembros de la familia de las rosas.
12. El mono tití pigmeo es el mono más pequeño del mundo con una longitud promedio de solo 5 pulgadas (13 cm) y un peso promedio de 3.5 onzas (100 gramos).
13. Todos los presidentes de Estados Unidos pagan por su comida mientras habitan en la Casa Blanca.
14. La palabra en inglés "overmorrow" es una combinación de las palabras "over" y "tomorrow" ("más de" y "mañana" respectivamente) y significa pasado mañana.
15. José Mujica fue el presidente de Uruguay durante el periodo 2010-2015; se le consideraba entonces el presidente más pobre del mundo, ya que regalaba la mayor parte de sus ingresos a la caridad.
16. En Camboya venden "Pizza Feliz", una pizza de queso adornada con marihuana encima.
17. Snoop Dogg publicó un libro llamado "Rolling Words" con todas las letras de sus canciones, con hojas que se pueden arrancar y usar como papel para fumar.
18. Las medusas y las langostas son biológicamente inmortales.
19. Hay un pez en Bob Esponja que aparece en múltiples episodios y que muestra claramente un pene.
20. La cerveza más fuerte del mundo se llama Snake Venom y contiene 67,5% de alcohol.
21. El día internacional de "que tenga un mal día" es el 19 de noviembre.
22. Las células del cerebro humano, el universo y la Internet tienen estructuras similares.
23. El Ministerio de Asuntos Marinos y Pesca de Indonesia determinó que una mantarraya muerta vale entre USD 40 y USD 500. También determinó que si las mantarrayas se mantienen con vida, pueden generar hasta un millón de dólares

en ingresos por turismo, por lo que crearon el santuario de manta rayas más grande del mundo.
24. A un grupo de pavos se les conoce como viga o bandada.
25. La persona que hizo la voz de Minnie Mouse, Russi Taylor, se casó con Wayne Allowing, la voz de Mickey Mouse.
26. Hay una máquina expendedora en Singapur que dispensa Coca-Cola a cualquiera que la abrace.
27. Jim Cummings, la voz de Winnie the Pooh, llamaba a los hospitales de niños y les hablaba con su voz de Winnie para que se sintieran mejor.
28. Walt Disney fue despedido de Kansas City Star en 1919 porque a su editor le parecía que le faltaba imaginación y que no tenía buenas ideas.
29. Los tomates negros se pueden cultivar sin ninguna ingeniería genética. Estos contienen antocianinas beneficiosas que se cree que ayudan con la obesidad, el cáncer y la diabetes.
30. A la mayoría de los gatos no les gusta beber agua si esta se encuentra muy cerca de su fuente de alimento. Por tanto, hay que mantener el agua y el alimento separados para evitar que se deshidraten.
31. El libro más vendido de la historia es la Biblia, con 5 mil millones de copias vendidas.
32. DC Comics publicó un universo alterno en donde Bruce Wayne muere en lugar de sus padres. En él, Thomas Wayne se convierte en Batman y Martha Wayne se vuelve loca convirtiéndose en el Guasón.
33. La fabricación del iPhone promedio cuesta solo USD 200.
34. Watson, la computadora de inteligencia artificial de IBM, aprendió a maldecir y a hablar de forma insolente por culpa del diccionario urbano. Como consecuencia, los científicos tuvieron que eliminar por completo la base de datos del diccionario urbano de su memoria.
35. El libro infantil "Where the Wild Things Are" (conocido como "Donde viven los monstruos" en español) se tituló originalmente "Where the Wild Horses Are" (Donde viven los caballos salvajes); sin embargo, el autor e ilustrador, Maurice Sendak, terminó por cambiar el nombre después de darse cuenta de que no tenía ni idea de cómo dibujar caballos.
36. Un niño en Indonesia llamado Aldi Rizal comenzó a fumar cigarrillos cuando tenía solo 18 meses; se fumaba más de 40

cigarrillos al día hasta que cumplió cinco años y fue enviado a rehabilitación.

37. El estado de Illinois prohibió las limpiezas faciales exfoliantes ya que las microesferas o microperlas encontradas en los productos exfoliantes son tan pequeñas, que se cuelan a través de las plantas de depuración del agua y terminan en el agua suministrada para el consumo público.
38. El primer vuelo de un humano con alas artificiales registrado en la historia fue en el siglo VI en China. El Emperador Kao Yang amarraba a los prisioneros a las cometas y los lanzaba de un edificio para ver si podían volar.
39. Un psicólogo llamado Timothy Leary fue enviado a prisión en 1970 y sometido a una serie de pruebas para determinar en qué cárcel debería ser ingresado. Dado que él mismo diseñó muchas de las pruebas, logró manipular sus respuestas y fue enviado en una prisión de baja seguridad como jardinero; ocho meses después se escapó.
40. Noah Webster, el creador del primer diccionario americano, aprendió 26 idiomas para poder comprender e investigar los orígenes de su propia lengua y plasmarlo en papel.
41. La palabra en inglés "jay" solía utilizarse en la jerga popular para referirse a una persona aburrida o estúpida, por eso cuando un peatón ignoraba las normas de tránsito y cruzaba las calles de forma ilegal, se le llamaba "jay walker" (que significa algo como peatón imprudente).
42. Walt Disney solía visitar sus parques disfrazado y probaba a los operadores para asegurarse de que no apuraran a los visitantes.
43. Los escáneres de código de barras leen en realidad los espacios entre las barras negras, no las barras negras en sí.
44. Los personajes disfrazados de Disneylandia nunca se salen del personaje que interpretan. Ellos reciben incluso sesiones especiales de entrenamiento de autógrafos para que puedan firmar autógrafos al estilo del personaje que interpretan.
45. Un estudio llevado a cabo en 2011 por Angela Duckworth demostró que las pruebas de coeficiente intelectual pueden verse afectadas por la motivación. La investigadora descubrió que prometer recompensas monetarias a los sujetos, afectaba la puntuación. A mayor recompensa, mayor era el puntaje obtenido en la prueba de coeficiente intelectual.
46. Antes de que Will Smith protagonizara El Príncipe de Bel-Air

también conocido como El Príncipe del Rap, estaba al borde de la bancarrota y le debía al gobierno USD 2,8 millones. Durante las tres primeras temporadas del programa, el 70% de sus ingresos fue destinado al pago de la deuda.

47. Hay un lago en Australia llamado Lake Disappointment (que significa literalmente "Lago Decepción"); fue descubierto y llamado de este modo por Frank Hann en 1897. Frank pensó que el agua del lago era dulce, pero era en realidad salada. Qué decepción.
48. La estrella de National Geographic, Casey Anderson, tiene un oso pardo llamado Brutus. El oso fue adoptado en 2002 cuando era un osezno recién nacido y, en 2008, fue el padrino de bodas de Casey.
49. Philani Dladla es un hombre sin hogar de Johannesburgo, Sudáfrica, conocido como el ratón de biblioteca del pavimento. Sobrevive dando su opinión sobre los libros que ha leído a las personas que pasan por la calle; vende los libros si a las personas les gusta.
50. Chiune Sugihara fue un famoso diplomático japonés que trabajó en Lituania durante la Segunda Guerra Mundial. Ayudó a más de 6.000 refugiados judíos a escapar a territorio japonés al emitirles visas de tránsito, poniendo en riesgo su vida y la de su familia en el proceso.
51. Lotso, el oso de Toy Story 3, originalmente debía aparecer en la primera película; sin embargo, la tecnología necesaria para crear su pelaje no estaba disponible en ese momento, por lo que tuvo que esperar hasta la tercera película.
52. Las compañías de seguros han incluido a Jackie Chan en su lista negra y a cualquier otra persona que trabaje en su equipo de especialistas. Esto significa que cualquier persona que se lesione en el set de rodaje de una película de Jackie Chan, tiene que pagar por su tratamiento y recuperación.
53. El hotel más antiguo del mundo es el "Nishiyama Onsen Keiunkan" en Japón. Fue fundado en el año 705 DC y 52 generaciones de la misma familia lo han dirigido desde su fundación.
54. Haliéutica es el estudio de la pesca.
55. Cada primavera se instala un conjunto de 21 columpios cerca de una parada de autobús, en el distrito de entretenimiento de Montreal, Canadá. Cada columpio actúa como un instrumento

musical y, a medida que las personas se mecen, los sonidos pregrabados llenan la atmósfera.

56. La pizza Louis XIII es la pizza más cara del mundo con un costo de USD 12.000. Fue creada por el chef Renato Viola quien la prepara directamente en el domicilio del cliente. Los ingredientes incluyen tres tipos de caviar, langosta del Mediterráneo y langostinos rojos. El tamaño de la pizza es de solo 8 pulgadas (20 cm) de diámetro.
57. Los ciudadanos de Noruega pagan solo una mitad de los impuestos correspondientes en el mes de noviembre para poder tener más dinero para Navidad.
58. La casa árbol más grande del mundo se encuentra en Tennessee, tiene 10 pisos y 10.000 pies cuadrados (900 metros cuadrados); tardó once años en construirse y costó solo USD 12.000, ya que fue hecha de materiales reciclados en su mayoría.
59. Las nutrias marinas se toman de las manos cuando duermen para no alejarse unas de otras.
60. Se estima que el suministro mundial de helio se agotará en los próximos 20 a 30 años.
61. El gato de Pallas es la especie viva más antigua de gato moderno; apareció por primera vez hace 12 millones de años.
62. La anuptafobia es el miedo a permanecer soltero o a casarse con la persona equivocada.
63. El famoso pintor Salvador Dalí evitaba pagar la cuenta en los restaurantes donde comía haciendo un dibujo en la parte posterior del cheque con el que pretendía pagar, ya que sabía que el propietario no lo cobraría pues sus dibujos tendrían mucho más valor.
64. El Eucalyptus deglupta, o más comúnmente conocido como eucalipto arcoíris, es un árbol que muda su corteza exterior para revelar una corteza interior verde brillante que se vuelve azul, púrpura, naranja y marrón a medida que madura.
65. La palabra "muggle" fue agregada al diccionario de la lengua inglesa y hace referencia a una persona que carece de alguna habilidad en particular.
66. En el Reino Unido, las personas que cumplen 100 años o que celebran su aniversario de bodas número 60, reciben una tarjeta personalizada de la Reina.
67. En China hay una estatua de Buda de piedra de 71 metros de altura que se construyó hace más de 1.200 años.

68. Si vieras una forma sólida de oxígeno, sería de un color azul cielo.
69. Los pájaros carpinteros pueden picotear 20 veces por segundo o dar alrededor de 8 a 12.000 picotazos por día sin llegar a dolerles la cabeza.
70. Hay una isla frente a la costa de Brasil en el Océano Atlántico conocida como Isla de la Quemada Grande o también Isla de las Cobras, donde es posible encontrar hasta cinco serpientes por cada 10 pies cuadrados (metro cuadrado).
71. Geográficamente, China abarca 5 zonas horarias diferentes, sin embargo, utiliza solo una zona horaria estándar dentro del país.
72. Desde los inicios de la comunicación, se estima que han existido 31.000 idiomas.
73. La mamba negra es considerada como una de las serpientes más mortales del mundo. Puede moverse a velocidades de 18 pies por segundo (5,5 metros por segundo) y su mordedura puede matar a un humano en menos de una hora.
74. Se sabe que después de examinar a los animales, Charles Darwin también se los comía.
75. El periodo más largo que alguien ha permanecido despierto continuamente es 265 horas; esto lo hizo un estudiante de secundaria en 1964.
76. El periodo más largo que alguien ha estado en coma y ha salido de este es de 37 años. Le ocurrió a una niña de seis años que llegó al hospital por una apendicetomía de rutina, se le suministró anestesia general y no despertó después de la cirugía, por razones que los médicos no pudieron explicar.
77. La superficie de América del Sur es mayor que la de Plutón.
78. Las pulgas pueden saltar más de 80 veces su propia altura.
79. Los escarabajos rinocerontes pueden transportar 850 veces su peso, lo que equivale a un humano promedio cargando 65 toneladas.
80. A un grupo de burros se le llama manada.
81. McDonald's tiene más de 37.000 sucursales en todo el mundo, lo que lo convierte en la mayor cadena de comida rápida en el mundo.
82. Hay suficiente carbono en el cuerpo humano como para hacer más de 9.000 lápices.
83. Francia fue el primer país que prohibió a los supermercados botar o destruir alimentos que no se vendían.

84. Los koalas pueden dormir de 18 a 22 horas al día, mientras que una jirafa solo necesita alrededor de dos horas al día.
85. J. K. Rowling escribió el capítulo final del último libro de Harry Potter en 1990, 7 años antes del lanzamiento del primer libro.
86. El Monstruo de las Galletas, también conocido como Triki o Lucas, reveló durante una canción en 2004 que antes de que comenzara a comer galletas y se le conociera como el "Monstruo de las Galletas", se llamaba Sid.
87. Solo ha habido 240 años de paz en los últimos 3.000 años.
88. Los ojos de los avestruces son más grandes que su cabeza.
89. Si los gorilas tomaran pastillas anticonceptivas humanas, estas tendrían los mismos efectos sobre ellos.
90. Cuando Jadav Payeng tenía dieciséis años, comenzó a plantar árboles ya que le preocupaba la posibilidad de extinción de los animales locales. Continuó haciendo esto durante más de treinta y cinco años. A la fecha, él solo ha restaurado más de 1360 acres de bosque.
91. El olor que queda después de que llueve se llama petricor.
92. El patrimonio neto de Jeff Bezos es tan grande, que no valdría la pena recoger un billete de USD 100 si se le cayera al suelo. De hecho, tendría que gastar USD 28 millones al día solo para dejar de enriquecerse.
93. Existen ahora bolígrafos digitales que pueden grabar todo lo que se escriba, dibuje o esboce en cualquier superficie.
94. Algunas compañías japonesas como Sony, Toshiba y Panasonic tienen espacios de destierro, es decir, lugares a donde transfieren al sobrante de sus empleados y les asignan tareas inútiles, o incluso no tienen nada que hacer, hasta que se desalienten o depriman lo suficiente como para renunciar por su propia cuenta, evitando así pagarles todos los beneficios.
95. En 1886, un hombre llamado H. H. Holmes construyó un hotel de tres pisos en Chicago con la intención de matar personas en él. El diseño incluía escaleras que no llevaban a ninguna parte y un laberinto de más de 100 habitaciones sin ventanas. Se sabe que mató a más de 200 personas ahí.
96. En Finlandia hay una roca gigante llamada Kummakivi que reposa perfectamente sobre un montículo rocoso curvo. El nombre se traduce como "roca extraña" ya que nadie sabe cómo llegó allí.
97. Existe un aparato conocido como dispositivo de asistencia

ventricular, o VAD por sus siglas en inglés, que puede reemplazar permanentemente la función del corazón. El único efecto secundario es que el pulso desaparece.
98. La cantante de música country Dolly Parton participó una vez de forma anónima en un concurso de búsqueda de dobles de Dolly Parton y perdió ante una drag queen.
99. La Universidad de Bangkok en Tailandia hace que sus estudiantes usen cascos anti trampas durante los exámenes.
100. El ESSLack es la primera pintura en aerosol comestible del mundo y viene en los colores dorado, plateado, rojo y azul. Fue creado en Alemania.

10

Parte Diez

1. En 2011, arqueólogos descubrieron la mitad de un barco del siglo XVIII en la zona cero, lugar donde se dio el ataque terrorista del 11 de septiembre en la ciudad de Nueva York. Se cree que el barco fue alguna vez utilizado por mercaderes.
2. Se puede contratar a un payaso malvado para aterrorizar a tu hijo o hija durante una semana entera antes de su cumpleaños. Por cierta suma de dinero, el artista Dominic Deville perseguirá a tu hijo, le enviará notas de miedo y mensajes de texto, le hará llamadas telefónicas y, al final, lo atacará el día de su cumpleaños restregándole un pastel en la cara.
3. En la ciudad de Mackinac Island, Michigan, todos los vehículos de motor, incluidos los automóviles, están prohibidos desde 1898.
4. En 2004, Volvo presentó un prototipo de automóvil llamado YYC, construido específicamente para mujeres, sin capó y con parachoques resistentes contra abolladuras.
5. En los primeros años del siglo XX, los caballos estaban causando tanta contaminación con sus heces, que los automóviles eran vistos como la alternativa ecológica.

6. Animal Planet emitió un falso documental sobre la existencia de sirenas que convenció a miles de espectadores; lo transmitió dos veces, una vez en 2012 y la otra en 2013.
7. Futureme.org es un sitio web donde es posible enviarse cartas electrónicas a sí mismo en cualquier momento en el futuro.
8. En 2008, la compañía de ropa The North Face demandó a una compañía de ropa llamada The South Butt.
9. En 2007, en Luisiana, un hombre llamado Eric Rue descubrió y fotografió a un delfín nariz de botella rosado albino.
10. Cuando el susurrador de elefantes, Lawrence Anthony, murió en marzo de 2012, una manada entera de elefantes llegó a su casa para llorarlo.
11. La contaminación en China es tan grave en algunas partes, que solo permanecer un día en determinadas zonas equivale a fumar 21 cigarrillos.
12. En 2012, un científico ruso regeneró una flor del Ártico conocida como "Silene Stenophylla", la cual estuvo extinta por más de 32.000 años. El proceso partió de una semilla que fue enterrada por una ardilla de la edad de hielo.
13. La edad de los peces se puede determinar de forma parecida a la de los árboles. En las escamas del pez aparece un anillo por cada año de vida.
14. En 1985, un hombre de Nueva Orleans llamado Jerome Moody se ahogó en una fiesta en la que habían 100 salvavidas que se habían reunido a celebrar haber pasado el verano sin un solo ahogamiento en las piscinas de la ciudad.
15. En 1976, un estudiante de Princeton de bajo rendimiento llamado John Aristotle Phillips presentó un trabajo escrito donde describe cómo construir una bomba nuclear. Recibió una A por su trabajo, mas no recuperó el documento ya que fue confiscado por el FBI.
16. Según un estudio llevado a cabo por la Universidad de Brock en Ontario, Canadá, el racismo y la homofobia están vinculados a un coeficiente intelectual más bajo, ya que aquellos con menor inteligencia tienden a inclinarse por ideologías socialmente conservadoras.
17. Hay un resort en Japón llamado Tomamu Resort emplazado en la cima de una montaña que permite a los clientes ver un mar de nubes blancas esponjosas debajo de ellos.
18. Michael Birch, fundador del sitio de redes sociales Bebo, vendió

su compañía a AOL por USD 850 millones en 2008. Cinco años después, en 2013, lo compró nuevamente por un millón de dólares.
19. En 1961, el artista italiano Piero Manzoni llenó noventa latas con sus propias heces y las llamó "Mierda de Artista"; luego las vendió de acuerdo a su peso equivalente en oro.
20. Existen animales con huellas dactilares similares a las de los humanos como los chimpancés, los gorilas y los koalas.
21. La compañía de productos alimenticios Newman's Own Food ha donado desde 1982 el 100% de sus ganancias después de impuestos a organizaciones benéficas, sumando un total de más de USD 400 millones.
22. En 2013, más de 200 personas desconocidas respondieron a una invitación de Facebook para asistir al funeral del veterano británico James McConnel, quien no tenía amigos ni familiares que pudieran asistir.
23. En Rusia, los ciudadanos acaudalados contratan a menudo ambulancias falsas que sortean el tráfico de la ciudad, conocidas como taxis de ambulancia. Pueden costar hasta USD 200 por hora, con interiores de lujo y refrigerios que incluyen caviar y champaña.
24. Reed Hastings, fundador de Netflix, concibió la idea de iniciar el negocio cuando recibió una multa tardía de Blockbuster de USD 40 por una cinta de video VHS de Apolo 13 que había perdido. En 2005, Reed se acercó a Blockbuster y les ofreció en venta su compañía por USD 50 millones, oferta que fue rechazada. Hoy día la empresa tiene un valor de más de USD 9 billones.
25. En la década de 1930, los aeropuertos tuvieron que estandarizar sus nombres con códigos; aquellos con nombres de dos letras simplemente agregaron una "x", de allí que hayan nombres como LAX.
26. Anualmente una cuarta parte de todas las avellanas del mundo se utiliza para hacer nutella. Esto equivale a 100.000 toneladas de avellanas por año.
27. El faraón egipcio King Pepi II solía cubrir a sus esclavos con miel para mantener los insectos alejados de él.
28. Corea del Norte es el mayor falsificador de dólares estadounidenses.
29. Los gatos solían ser sagrados en Egipto; si matabas a uno, podías ser sentenciado a muerte.

30. La Coca-Cola hecha en las Maldivas solía estar hecha de agua del océano.
31. La familia más grande del mundo es de Baktawng, India, donde el padre, Ziona Chana, tiene 94 hijos de 39 esposas diferentes.
32. La opción de "comprar en un clic" fue inventada por Amazon, quien la patentó; Apple paga una tarifa por uso de licencia.
33. Brad Pitt fue vetado de China por 20 años después de su papel en la película "Siete años en el Tíbet".
34. Más de la mitad de la población mundial tiene menos de 30 años.
35. La silla eléctrica para ejecutar personas fue creada por un odontólogo.
36. La "E" es la letra más común en el idioma inglés, aparece en el 11% de todas sus palabras.
37. Dos mil quinientos veinte es el número más pequeño que se puede dividir entre todos los números entre 1 y 10.
38. El himno nacional de Grecia tiene 158 versos lo que lo hace el himno más largo del mundo. En comparación, el himno canadiense solo tiene cuatro versos.
39. El coco de Maldivas es la semilla de mayor tamaño en el mundo.
40. En una noche un topo puede cavar un túnel de 300 pies (1 km) de largo en el suelo.
41. El lápiz led promedio puede dibujar una línea de 35 millas (56 km) de largo.
42. En el espacio serías unos centímetros más alto debido a la gravedad.
43. Si extrajeras los pulmones de alguien y los aplanaras, estos tendrían la misma superficie que la mitad de una cancha de tenis.
44. Los elefantes caminan frecuentemente en puntillas. Esto se debe a que la parte posterior de sus pies no tiene huesos y es solo grasa.
45. Los pulpos tienen 9 cerebros, tres corazones y sangre de color azul.
46. El pelaje de los osos polares es en realidad transparente y es el efecto de la luz lo que los hace parecer blancos.
47. Los camaleones pueden mover sus ojos en dos direcciones diferentes al mismo tiempo.
48. La superficie total de Inglaterra es más pequeña que el estado de

la Florida en más de 10.000 millas cuadradas (26.000 km cuadrados).
49. La Mona Lisa no tiene pestañas ni cejas.
50. Azzam es el yate más grande del mundo según se registra hasta el año 2019; tiene 590 pies de largo (la longitud de dos campos de fútbol) y fabricarlo costó USD 600 millones. Se empezó a construir en 2013 y tardó cuatro años en terminarse, batiendo el récord mundial anterior por 57 pies más. Tiene 94.000 caballos de fuerza y puede navegar hasta 37 millas (60 km) por hora, la velocidad más rápida para un yate de más de 300 pies de largo.
51. Las jirafas adultas solo tienen 7 vértebras en el cuello, la misma cantidad que los humanos.
52. La leche de mantequilla no contiene mantequilla.
53. Disneylandia no vende chicle. Esto se debe a que Walt Disney no quería que las personas pisaran chicle mientras caminaban por el parque.
54. Las jirafas pueden durar más tiempo sin agua que los camellos.
55. Por el año 1938, Ruth Wakefield inventó la galleta con chispas de chocolate; más tarde vendió la idea a Nestle Toll House a cambio de un suministro de chocolate de por vida.
56. En 2011, Lego produjo 381 millones de neumáticos, lo que lo convirtió en el mayor fabricante de neumáticos de caucho a nivel mundial según el número de unidades producidas.
57. En 2009, Wikipedia le prohibió permanentemente a la iglesia de la Cienciología editar cualquier artículo.
58. En Turkmenistán el agua, el gas y la electricidad son administrados de forma independiente del gobierno desde 1993.
59. El billete de denominación más alta que se haya emitido alguna vez fue el pengo húngaro en 1946, por un valor de mil millones o un sextillón; es decir, un uno seguido de 21 ceros; aun así solo equivalía a 20 centavos de USD.
60. Francia es el único país de Europa completamente autosuficiente en cuanto a la producción de alimentos básicos.
61. Cerca de su muerte en 1955, Einstein rechazó la cirugía diciendo: "Me quiero ir cuando quiera, es insípido prolongar la vida artificialmente, he cumplido mi parte, es hora de partir, lo haré con elegancia".
62. Muchos refugios para animales no permitirán que se adopten gatos negros en la época de Halloween porque la mayoría de la

gente simplemente lo hace como una forma de compra impulsiva.
63. El árbol que canta es una escultura de sonido eólica ubicada en Burnley, Inglaterra, diseñada por los arquitectos Mike Tonkin y Anna Liu. Cada vez que alguien se sienta debajo de la escultura, escuchará una melodía dependiendo del viento que haga.
64. En 2011, arqueólogos descubrieron restos óseos de una pareja romana que llevaba más de 1.500 años tomados de la mano.
65. El Hotel Shangri-La en China obtuvo el récord por el hoyo de bolas más grande alguna vez creado; medía 82 por 41 pies (25 por 12,6 metros) y contenía más de un millón de bolas.
66. Starbuck es un famoso toro canadiense cuyos genes son tan codiciados, que su esperma ha generado más de USD 25 millones a lo largo de su vida. En ese tiempo se cree que habrá engendrado más de 200.000 crías.
67. El Hotel Burj Al Arab en Dubai ofrece a sus huéspedes un iPad de oro de 24 quilates durante su estadía.
68. La isla de Poveglia en Italia se considera uno de los lugares más embrujados del mundo, ya que en el pasado fue lugar de guerras, un vertedero de cuerpos humanos víctimas de la peste y también hogar de un manicomio. De hecho está tan embrujada, que el gobierno italiano ha prohibido el acceso público a la isla.
69. En la época victoriana habían tazas de té especiales que protegían el bigote de los caballeros de mojarse en el té.
70. Hace unos 350 a 420 millones de años atrás, antes de que los árboles fuesen comunes, la Tierra estaba cubierta de tallos de hongos gigantes.
71. Durante la producción de El Rey León, la película fue considerada como una pequeña película categoría B, ya que todos los animadores estrella de Disney estaban trabajando en Pocahontas, a la que consideraban una película categoría A.
72. La copa pitagórica, también conocida como la copa codiciosa, es una copa diseñada para derramar su contenido si se vierte demasiado vino en ella, incitando a la moderación.
73. En 1955, mientras se movía de lugar una estatua budista de yeso de seiscientos años de antigüedad, esta se cayó y rompió, revelando en su interior otra estatua budista hecha de oro macizo.
74. El millonario Harris Rosen adoptó un vecindario de Florida llamado Tangelo Park, en donde redujo la tasa de delincuencia a

la mitad y aumentó la tasa de egresados de la escuela secundaria del 25 al 100%, al ofrecer servicios de guardería gratuita y becas a todos los graduados de la escuela secundaria.

75. En la antigua Atenas, lugar de la primera democracia del mundo, existía un proceso llamado ostracismo en el cual, una vez al año, la gente podía votar por el político que consideraran más dañino para el proceso democrático; la persona elegida era expulsada de Atenas durante diez años.
76. Actualmente China construye una ciudad sin automóviles llamada la gran ciudad, que albergará a unas 80.000 personas. Esta utilizará un 48% menos de energía y un 58% menos de agua, y producirá un 89% menos de residuos y un 60% menos de dióxido de carbono que una ciudad convencional del mismo tamaño.
77. La estación de metro Vystavochnaya en Moscú acepta 30 sentadillas como método de pago por un boleto de metro, como incentivo para hacer más ejercicio.
78. En 2022 la copa mundial se jugará en Lusail, Qatar, una ciudad que todavía no existe.
79. En 1949, la compañía automotriz Prince en Japón desarrolló un automóvil eléctrico que podía andar 124 millas (200 km) con una sola carga.
80. Hay un hongo en la naturaleza conocido como Laetiporus que sabe a pollo frito.
81. La luna más grande de Saturno, llamada Titán, tiene una atmósfera tan espesa y una gravedad tan baja, que se puede volar a través de ella batiendo cualquier tipo de alas unidas a los brazos.
82. Hay un pueblo en los Países Bajos llamado Giethoorn que no tiene carreteras; solo se puede acceder a él en botes que lleven el apodo de "Venecia de los Países Bajos".
83. Christmas Island, o Isla de Navidad, es una pequeña isla australiana ubicada en el Océano Índico en la que cada año 50 millones de cangrejos adultos migran desde el bosque para reproducirse. Esto se conoce como la migración anual del cangrejo rojo.
84. En 1979, los restos del accidente de la Estación Espacial Skylab de la NASA cayeron sobre la ciudad de Esperance, Australia occidental. La ciudad multó a la NASA por USD 400 por arrojar basura; la multa fue pagada.

85. En Indonesia hay pollos completamente negros conocidos como Ayam Cemani. Tienen plumaje negro, patas y uñas negras, pico y lengua negros, carne y huesos negros, así como órganos oscuros.
86. En 2007 Joshua Bell, un afamado violinista y director de orquesta galardonado, realizó un experimento en el que fingió ser un violinista de la calle, tocando el violín todo el día mientras más de mil personas pasaron a su lado sin detenerse. Solo recaudó USD 31 ese día, pero dos días antes se agotaron las entradas del teatro para su concierto, donde cada asiento costaba USD 100. El violín con el que tocó en la calle tenía un valor de USD 3.5 millones.
87. Debido al envejecimiento de la población en Japón, las ventas de pañales para adultos están a punto de superar las ventas de pañales para bebés.
88. Durante años, un hombre de la India llamado Rajesh Kumar Sharma da clases a niños pobres que viven debajo de un puente del metro local. Cinco días a la semana, durante dos horas al día, Rajesh deja su trabajo en una tienda de artículos en general para ir a enseñar a más de 140 niños quienes, de otro modo, no tendrían oportunidad de aprender.
89. Hay una técnica artística llamada arbolescultura ("tree shaping" en inglés) que implica manipular árboles vivos para crear formas de arte.
90. Una persona promedio se dormirá en solo siete minutos.
91. La mayoría de los lápices labiales contienen escamas de pescado.
92. Las cardiopatías isquémicas y los accidentes cerebrovasculares son los mayores asesinos del mundo. Isquémico significa un suministro de sangre inadecuado a un órgano.
93. Las máquinas expendedoras matan a unas 13 personas al año.
94. Se estima que alrededor de 100 mil millones de personas han muerto en el mundo desde que apareció el Homo Sapiens, hace más de 200.000 años.
95. La barra de oro más grande del mundo pesa 551 lb (250 kg).
96. En 1998, Larry Page y Sergey Brin, fundadores de Google, ofrecieron vender su pequeño emprendimiento a AltaVista por USD 1 millón para así poder retomar sus estudios en Stanford; la oferta fue rechazada. Para el año 2019, el valor de su imperio es de alrededor de USD 101 billones.
97. Hubo un tercer fundador de Apple llamado Ronald Wayne,

quien en una ocasión fue dueño del 10% de toda la empresa. En 1976 decidió vender su parte por USD 800.
98. El miedo a los payasos se llama coulrofobia.
99. Hay un agujero en la capa de ozono ubicado justo encima de la Antártida que es dos veces el tamaño de Europa.
100. Existen menos de cincuenta computadoras Apple 1 originales; algunas de ellas se han llegado a vender por más de USD 50.000.

11

Parte Once

1. Los caracoles pueden dormir hasta tres años.
2. El tiburón promedio tiene 15 hileras de dientes en cada mandíbula, pueden reemplazar un diente en un solo día y perder más de 30.000 dientes durante toda su vida.
3. Un día en Mercurio equivalen a cincuenta y nueve días en la Tierra.
4. La razón por la que un látigo crea un sonido de latigazo es porque se mueve más rápido que la velocidad del sonido, originando un pequeño sonido sónico.
5. Los hipopótamos sudan de color rojo porque este contiene un pigmento que actúa como protector solar natural.
6. El metano de las vacas genera tanta contaminación como los automóviles.
7. Los delfines duermen usando una mitad de su cerebro a la vez, por lo que siempre están medio conscientes, lo que les ayuda a no ahogarse accidentalmente.
8. Cuando ves una publicidad de un reloj, son casi siempre las diez y diez.

9. La mayor parte del polvo que consigues en tu casa proviene de tu piel muerta.
10. Un tercio de la superficie de la Tierra es desértica de forma parcial o total.
11. La palabra "Sahara" en árabe significa desierto. En una ocasión nevó allí, en 1979.
12. El cártel clandestino de drogas en Colombia genera hasta USD 10 mil millones, lo que representa más dinero que las mismas exportaciones legales del país.
13. Solo un tercio de las serpientes que ves en la película "Serpientes en el Avión" son reales.
14. Una tercera parte de la población mundial de osos polares vive en Canadá.
15. Quebec terminó de pagar en 2006 su deuda de los Juegos Olímpicos de Verano de 1976, es decir, 30 años después.
16. Lady Gaga posee en la actualidad 12 récords mundiales Guinness. Uno de ellos por ser la mujer más buscada en Internet.
17. En 2005, una pareja de Nepal subió al Everest y se casó en su cima. La persona más joven en escalar el Everest fue el joven Jordan Romero a la edad de 13 años.
18. Si los policías en Tailandia exhiben una mala conducta, se les castiga con usar brazaletes Hello Kitty de color rosa brillante.
19. El hombre que diseñó el búnker secreto de Saddam Hussein era el nieto de la mujer que diseñó el de Adolf Hitler.
20. Facebook rastrea y registra tu dirección IP, así como la URL de cada sitio web que visitas que utilice cualquiera de sus funciones tales como el botón "me gusta".
21. En 2009, Burger King lanzó una campaña en la que si eliminabas a diez de tus amigos en Facebook, recibirías una hamburguesa Whopper gratis. Usando la aplicación Whopper Sacrifice, tu amigo eliminado recibía un mensaje donde se le decía que su amistad era menos valiosa que un Whopper.
22. Yale tiene una biblioteca de libros y manuscritos raros que aunque no tiene ventanas, tiene paredes hechas completamente de mármol translúcido que evita que los libros estén expuestos directamente a la luz solar.
23. A principios de 1900, los gánsteres franceses usaron un arma llamada Revólver Apache que funcionaba como un revólver, un cuchillo y una manopla.

24. Un artista mexicano creó una serie de esculturas bajo el agua que funciona como arte y como arrecife artificial.
25. La Reina Isabel segunda tiene a alguien que se pone los zapatos que compra antes de usarlos ella para asegurarse de que sean cómodos.
26. Si un empleado de Google muere, su cónyuge recibe la mitad de su salario los siguientes diez años más los beneficios de las acciones. Asimismo, sus hijos reciben USD 1000 al mes hasta los diecinueve años.
27. Backpfeifengesicht es una palabra en alemán que significa algo como "una cara que necesita un puñetazo".
28. El precio más barato de la gasolina en el mundo lo tiene Venezuela costando poco más de un centavo el litro.
29. En Londres hay un baño público dentro de un cubo de vidrio que está hecho de vidrio unidireccional, donde puedes ver a los transeúntes pasar pero ellos no pueden verte a ti.
30. Leonardo da Vinci amaba tanto a los animales, que compraba pájaros enjaulados que vendían en Italia en ese momento solo para liberarlos.
31. La sternutaphobia es el miedo a estornudar.
32. Hay una isla con forma de corazón en Fiji llamada Tavarua.
33. Es posible que un gato sea su propio gemelo fraterno. Estos gatos, conocidos como gatos Quimera, son una rareza que resulta de la fusión de dos huevos fertilizados.
34. Si inhalas un guisante, es posible que este brote y crezca en tus pulmones.
35. Hay un lago en Australia Occidental llamado Lake Hillier cuya agua es de color rosado.
36. La orca, conocida también como la ballena asesina, pertenece en realidad a la familia de los delfines.
37. La Vía Apia en Roma es una carretera que se construyó en el año 312 AC y que en la actualidad todavía se utiliza.
38. La querofobia es el miedo a ser feliz o alegre, donde se tiene la expectativa de que algo malo sucederá.
39. El país de Niue, una isla al norte de Nueva Zelanda, puso en 2001 varios Pokémon en sus monedas de un dólar. Incluían Pikachu, Squirtle, Meowth, Bulbasaur y Charmander.
40. Una de las criaturas más antiguas de la Tierra que más tiempo ha vivido fue Adwaita, una tortuga gigante de la India que se creía que tenía 255 años al momento de su muerte en 2006.

41. Existen al menos 7 aplicaciones en la tienda de aplicaciones que tienen un precio de USD 999,99, que es el precio máximo que se puede cobrar allí.
42. En la vida real, un correcaminos solo puede alcanzar velocidades de 32 km/h aproximadamente, mientras que un coyote puede alcanzar velocidades de hasta 69 km/h.
43. A Johnny Depp le apasiona tocar guitarra con artistas como Marilyn Manson, Oasis, Aerosmith y Eddie Vedder.
44. Existe una religión llamada Ateísmo Cristiano en la que los practicantes creen básicamente en las mismas cosas que los cristianos tradicionales, excepto que la Biblia es completamente metafórica y que Dios es una alegoría de la moral humana en lugar de un ser real.
45. Carmen Dell'Orefice es la modelo laboralmente activa más vieja del mundo. Comenzó a modelar a la edad de 15 años y todavía sigue modelando a sus 83 años.
46. Hay un crucero llamado "El Mundo" con residentes que viven permanentemente allí mientras la embarcación viaja por todo el mundo. Un apartamento a bordo cuesta USD 2 millones, mientras que el mantenimiento cuesta unos USD 270.000 anuales.
47. La distancia entre África y Europa es de solo 23 km. Hay planes de construir un puente entre los dos continentes llamado Cruce del Estrecho de Gibraltar.
48. El Lego-Brucke es un puente de concreto en Alemania que se ha hecho famoso por estar pintado como un puente gigante hecho con piezas de lego.
49. Deltiología es el arte de coleccionar y estudiar postales.
50. La madre de Justin Timberlake fue la tutora legal de Ryan Gosling cuando este era un niño.
51. En una ocasión Macklemore trabajó en un centro de detención juvenil ayudando a los detenidos a expresarse a través de la composición y escritura de letras de rap.
52. Una de las cláusulas del acuerdo del usuario de iTunes establece explícitamente que no está permitido usar el programa para construir armas nucleares, químicas o biológicas.
53. La Mina de Cobre del Cañón Bingham en Utah, es el hoyo artificial más grande del mundo; tiene media milla (1 km) de profundidad, 2 millas (4 km) de ancho y cubre 770 hectáreas.
54. Nemo tiene una aparición en la película Monsters Inc. como un

juguete que Boo le da a Sully; su aparición ocurre dos años antes de que saliera la película "Buscando a Nemo".
55. Hay zapatos inspirados en el Mago de Oz que te llevan a casa al presionar los talones juntos a través de un sistema incorporado de GPS. Nota marginal: el autor de la novela creó parte del nombre del libro cuando estaba mirando un archivador y vio las letras o-z.
56. Hay tres libros en la Universidad de Harvard que están encuadernados con piel humana.
57. La cueva más grande del mundo se encuentra en Vietnam y se llama Cueva Son Doong. Tiene unos nueve kilómetros de largo y su interior es tan grande que tiene sus propias nubes y bosques. De hecho, su techo es tan alto que puede caber un rascacielos de 40 pisos en su interior.
58. Las últimas palabras de Bob Marley a su hijo fueron: "El dinero no puede comprarte la vida".
59. Existe un término conocido como paradoja del amigo, en el que la persona promedio tiene menos amigos que su amigo.
60. Los teléfonos móviles emiten frecuencias electromagnéticas que calientan el tejido corporal y pueden afectar a más de cien proteínas en el cerebro.
61. La turbulencia en un avión no se puede predecir. Puede ocurrir incluso en un día despejado y sin nubes.
62. La densidad de la población en la antigua Roma era ocho veces mayor que en la moderna Nueva York.
63. Al ser alcanzado por un rayo, la piel se quema a 50.000 grados Fahrenheit (27.000 grados Celsius), lo que es más caliente que la superficie del sol.
64. El alfabeto hawaiano solo tiene 12 letras. Son: a, e, i, o, u, h, k, l, m, n, p, w.
65. El único pájaro que puede volar hacia atrás es el colibrí.
66. Un flamenco solo puede comer cuando su cabeza está boca abajo.
67. Un estudio realizado en 1915 por la Universidad de Chicago concluyó que el color más fácil de ver desde la distancia era el amarillo; de ahí que sea el color más popular que llevan los taxis.
68. La canción "Happy Birthday" tiene 120 años y posee derechos de autor. Es propiedad de Warner Chappell Music quien insiste en que nadie la use, razón por la que rara vez se escucha en programas de televisión o películas.

69. En la década de 1980, Pablo Escobar ganaba tanto dinero con su cartel de drogas que gastaba USD 2.500 (USD 7.200 al valor actual) mensualmente en bandas de goma para sujetar el efectivo.
70. Las probabilidades de que un estadounidense sea fulminado por un rayo son las mismas que una persona en Japón sea asesinada por un arma de fuego.
71. En el Londres victoriano el correo se entregaba 12 veces al día.
72. Hasta 1934 solía haber ovejas pastando en Central Park. Estas fueron removidas de allí durante la Gran Depresión, ya que se temía que la gente se las comiera.
73. Una de las cláusulas en los artículos de la confederación estadounidense de 1781 establece que si Canadá quiere ser admitida dentro de Estados Unidos, será aceptada automáticamente.
74. El término científico para alfileres y agujas es parestesia.
75. La madre de Matt Groening, el creador de "Los Simpsons", se llamaba Marge Wiggum.
76. Los antiguos cuadrigueros romanos hacían más dinero que el que reciben hoy las estrellas internacionales del deporte.
77. El gusto recíproco es un término psicológico que se utiliza para describir cuando te empieza a gustar alguien después de descubrir que le gustas a esa persona. Es un fenómeno que refleja la forma en que las personas se sienten mejor consigo mismas y disfrutan de la compañía de aquellos que les brindan sentimientos positivos.
78. A un grupo de mantarrayas se les llama fiebre.
79. Contrario a lo que comúnmente se piensa, las manchas blancas en las uñas no son señal de deficiencia de calcio, zinc u otras vitaminas en la alimentación. En realidad se llaman leuconiquia y son completamente inofensivas; son causadas generalmente por lesiones menores que ocurren mientras crece la uña.
80. Dado que Venus no está inclinado en un eje como la Tierra, el planeta no experimenta estaciones.
81. Si un astronauta saliera de su traje espacial en la luna, explotaría antes de asfixiarse.
82. La Tierra es el único planeta que no lleva el nombre de un dios.
83. El volcán más grande de nuestro Sistema Solar es también la montaña más grande del Sistema Solar. Es el Monte Olimpo en Marte, cuya altura supera 3 veces la del Monte Everest.

84. Más del 20% del oxígeno mundial se produce en la selva amazónica.
85. El agua caliente se congela más rápido que el agua fría. Esto se llama el efecto Mpemba, llamado así por un estudiante de Tanzania que hizo el descubrimiento.
86. La luz no viaja a la velocidad de la luz en realidad. La teoría dice "la velocidad de la luz en el vacío", que es de 186.282 millas (299.792 kilómetros) por segundo. Si pudieras moverte a esta velocidad, podrías dar la vuelta a la Tierra siete veces y medio en un segundo.
87. El primer elemento hecho por el hombre fue el tecnecio creado en 1937. Se utiliza para estudios de diagnóstico médicos y como inhibidor de corrosión para el acero.
88. Steven Spielberg esperó más de diez años para hacer la película La Lista de Schindler después de tener la historia en sus manos, ya que sentía que no era lo suficientemente maduro como para abordar el tema.
89. Shigeru Miyamoto, el creador de los famosos juegos Mario, Zelda y Donkey Kong, tenía prohibido montar bicicleta. Shigeru se volvió tan valioso para Nintendo, que la compañía no quería arriesgarse a que le pasara nada, obligándolo a conducir un automóvil.
90. Un rayo tiene suficiente energía para tostar cien mil rebanadas de pan.
91. Más del 50% de todos los boletos de lotería que se venden son comprados por solo el 5% de las personas que compran boletos de lotería.
92. Los flamencos al nacer son grises pero con el tiempo cambian de color al rosado debido a su alimentación a base de camarones que tiñen sus plumas.
93. La esperanza de vida en la antigua Roma era de solo 20 - 30 años.
94. Yu Youhzen, una millonaria china de 53 años, trabaja limpiando calles por un salario de USD 228 al mes para dar un buen ejemplo a sus hijos.
95. Un falso despertar es el término utilizado para referirse a un sueño muy vívido o convincente en el que se sueña sobre haber despertado cuando en realidad todavía se está durmiendo.
96. A un grupo de cebras se les llama celo.
97. Savannah (o sabana) es la raza de gato doméstica más grande

que existe; estos gatos se parecen a un pequeño leopardo pero se comportan como un perro. Pueden llegar a pesar hasta 40 libras (18 kg), tener un salto vertical de 8 pies, y entrenarse para pasear con correa y jugar a lanzar y buscar.

98. El robot Curiosity Rover de la NASA se cantó feliz cumpleaños a sí mismo en Marte para conmemorar el primer aniversario del aterrizaje en el planeta en 2013.
99. Walt Disney posee el récord de la mayor cantidad de premios Oscar ganados por una persona con un total de 22.
100. En la década de 1960, Alcatraz era la única prisión federal en ese momento que ofrecía duchas de agua caliente para sus internos. La lógica detrás de esto era que si los prisioneros se aclimataban al agua caliente, no podrían soportar las bajas temperaturas de las aguas de la Bahía de San Francisco en un intento de fuga.

12

Parte Doce

1. Un hombre llamado Jonathan Lee Riches entró al Libro Guinness de los Récords por haber presentado el mayor número de demandas en el mundo, con un total de más de 2.600.
2. Existe un sistema bursátil en Somalia que incluye a piratas. Los lugareños pueden invertir en un grupo de piratas y, después de un atraco exitoso, recibirán un pago. En una ocasión, una mujer le dio un RPG 7 a un grupo de piratas y más tarde terminó recibiendo USD 75.000.
3. En los Juegos Olímpicos de Suecia en 1912, un corredor de maratón japonés llamado Shizo Kanakuri abandonó la carrera y se fue a su casa sin avisar oficialmente; fue considerado una persona desaparecida en Suecia durante 50 años. En 1966 fue invitado a completar el maratón, terminándolo con un tiempo total de 54 años, ocho meses, seis días y cinco horas.
4. El grafeno es una sustancia de carbono puro que se presenta en forma de lámina muy delgada, casi transparente, de un solo átomo de espesor y es considerado el material más fuerte del mundo. Es un millón de veces más delgado que el papel, pero 200 veces más resistente que el acero.

5. En 2011, un camionero de Nueva Zelanda llamado Steven McCormack se cayó sobre una válvula de alta presión que se le incrustó en su trasero, inflándolo hasta el doble de su tamaño y casi matándolo. Sobrevivió, pero le llevó tres días eliminar el exceso de aire a través de eructos y pedos.
6. Cuando se le preguntó a Stephen Hawking cuál era su coeficiente intelectual, respondió: "No tengo idea, pero las personas que se jactan de su coeficiente intelectual son unos perdedores".
7. El creador de Sherlock Holmes, Sir Arthur Conan Doyle, ayudó a sacar a dos hombres de prisión que fueron falsamente acusados y cuyos expedientes ya se habían cerrado, al resolver sus casos.
8. La oikología es la ciencia del trabajo doméstico.
9. En 1988, una mujer llamada Jean Terese Keating desapareció mientras esperaba el juicio por haber matado a una mujer en un accidente automovilístico estando borracha. Fue arrestada 15 años después, cuando presumía en un bar su crimen y el haberse salido con la suya.
10. Intel emplea a un futurista llamado Brian David Johnson cuyo trabajo es determinar cómo será la vida en diez a quince años en el futuro.
11. Yang Yuanquing, CEO de Lenovo, recibió un bono de USD 3 millones por las ganancias registradas en 2012; el bono se repartió entre 10.000 de los empleados de la compañía. En 2013 volvió a hacer lo mismo.
12. En Tailandia se celebra un festival tradicional cada año llamado Loy Krathong, en donde se lanzan miles y miles de linternas voladoras, también conocidas como linternas chinas, al cielo nocturno llenándolo de luces.
13. Existe una afección conocida como ansiedad matemática que hace que las personas tengan un desempeño pobre en matemáticas, no porque no tengan dotes para los cálculos, sino porque la afección hace que su cerebro entre en un estado en el que simplemente no pueden realizar operaciones matemáticas.
14. En 1871, Ramon Artagaveytia sobrevivió al hundimiento de un barco. Fue tan traumática la experiencia, que no se subió a otro barco sino 41 años después. Desafortunadamente ese barco fue el Titanic.
15. En 2013, un hombre llamado Rogelio Andaverde fue

secuestrado en su casa frente a la mirada de su esposa por dos hombres que portaban máscaras y armas de fuego. Afortunadamente regresó dos días después sin un rasguño. Más tarde se supo que organizó su propio secuestro para poder salir a divertirse con sus amigos.
16. Cuando se hizo "Breakout" para Atari, Steve Jobs y Steve Wozniak acordaron dividir el pago 50/50. Atari le pagó a Jobs USD 5.000 por el trabajo, pero Jobs le dijo a Wozniak que había recibido USD 700, así que solo le dio USD 350.
17. Los guardias de Stalin le tenían tanto miedo que nadie llamó a un médico en las siguientes diez horas tras haber sufrido un derrame cerebral que le provocó la muerte. Temían que pudiera recuperarse y ejecutar a cualquiera que no hubiese acatado sus órdenes.
18. Rusia entrenó y desplegó 40.000 perros antitanques durante la Segunda Guerra Mundial. A los perros los cargaban con explosivos y fueron entrenados para correr y ubicarse debajo de los tanques del enemigo donde eran detonados. Sin embargo, muchos de ellos se asustaban y volvían corriendo a las trincheras con sus dueños, matando a su propia gente.
19. El meme "más de 9.000" que se popularizó de Dragon Ball Z contenía un error de traducción. El nivel de potencia era en realidad más de 8.000.
20. La cabaña Solvay es la cabaña de montaña más peligrosa del mundo, se encuentra en Suiza a 13.000 pies (3.962 metros) de altura.
21. Un antiguo poeta persa grabó la fábula de un rey que retó a los sabios para que le hicieran un anillo que lo hiciera feliz cuando estuviese triste y triste cuando estuviese feliz. Lo lograron dándole un anillo grabado con la frase "Esto también pasará".
22. Se calcula que los trabajadores de los centros de distribución de Amazon caminan hasta 11 millas (17 km) en cada turno, recogiendo un pedido cada 33 segundos.
23. La triscaidecafobia es el miedo al número 13.
24. En Cuba es mandato legal que los vehículos del gobierno recojan en las carreteras a los que vean haciendo autostop.
25. En 2000, el KKK (Ku Klux Klan) adoptó un tramo de la autopista cerca de St. Louis; el gobierno de Missouri respondió a esto renombrando la autopista Rosa Parks Highway.
26. El viaje ininterrumpido en tren más largo posible en el mundo

tiene más de 10.000 millas (17.000 km) de largo y va desde Vietnam a Portugal.

27. Ciertos estudios han demostrado que fumar Hookah no es más sano que fumar cigarrillos; de hecho, este puede provocar que el fumador absorba más sustancias tóxicas que los cigarrillos.
28. Hay un museo en Europa llamado el Museo de las Relaciones Rotas que exhibe exclusivamente objetos con gran significado para ex novios con corazones rotos.
29. El inventor Nikola Tesla y el escritor Mark Twain eran mejores amigos y admiradores mutuos del trabajo del otro.
30. El sol y la luna parecieran ser del mismo tamaño en nuestro cielo; por increíble coincidencia la luna es 400 veces más pequeña, pero también se encuentra 400 veces más cerca de la Tierra.
31. En 2008, un hombre japonés notó que la comida en su casa estaba desapareciendo, así que instaló una cámara web y descubrió que una mujer de la calle de 58 años había estado viviendo en su armario desde hacía un año.
32. Hay un edificio en Londres llamado "edificio de walkie talkie" cuya forma permite reflejar la luz del sol como una lupa gigante, derritiendo literalmente los autos en la calle de abajo.
33. A Luis Garavito, uno de los asesinos en serie más peligrosos del mundo con 140 víctimas, se le redujo la sentencia a solo 22 años y podría estar libre en 2021.
34. Si abres los ojos en una habitación totalmente oscura, el color que ves se llama eigengrau.
35. El Pentágono gasta más de USD 250.000 cada año para estudiar el lenguaje corporal de líderes mundiales como Vladimir Putin.
36. En 2013, un estudio llevado a cabo por Littlewoods.com en el Reino Unido determinó que los niños hacen alrededor de 300 preguntas al día.
37. Los humanos no son presas aptas para los grandes tiburones blancos porque su digestión es demasiado lenta como para lidiar con la proporción de huesos, músculos y grasa.
38. Un estudio llevado a cabo por la Universidad de Oxford arrojó que por cada persona de la que te enamoras y a la que abres espacio en tu vida, pierdes dos amigos cercanos.
39. Hay una agencia de viajes en Tokio llamada Unagi Travel que por cierto costo llevará a tu animal de peluche de vacaciones por todo el mundo.

40. El precinto de la tumba de Tutankamón permaneció intacto durante 3.245 años, hasta 1942.
41. Al Coronel Sanders no le gustó mucho lo que la franquicia KFC ofrecía como comida; la describió como el peor pollo frito que se había comido en su vida y que la salsa parecía como pasta de papel de pared.
42. En 2008, un hombre de negocios de Abu Dabi gastó USD 14,3 millones en una subasta para comprar una placa de vehículo con el número "1", lo que la convierte en la placa más cara del mundo.
43. En 2013, se descubrió que algunos osos en Rusia se habían vuelto adictos al olor del combustible de los barriles que eran desechados, llegando incluso al extremo de acechar a los helicópteros por las pequeñas gotas de combustible que dejaban caer.
44. El apretón de manos moderno se remonta al siglo V AC, cuando los espaderos solían saludarse con sus manos libres de armas, sin mostrar signos de lucha.
45. El 85% de los chinos comparten 100 apellidos. El 13% de toda la población china se apellida entre Li y Zhang.

¡Si disfrutaste este libro y aprendiste algo, significaría mucho para mí si pudieras compartir tu opinión para que otros puedan encontrarlo fácilmente y pasar un rato amento matando la curiosidad!

www.ingramcontent.com/pod-product-compliance
Lightning Source LLC
Chambersburg PA
CBHW071746080526
44588CB00013B/2169